わたしの旅ブックス
014

シニアのための島旅入門

斎藤潤

産業編集センター

はじめに

初めて訪れた島は、小学校の遠足で出かけた湘南の江の島だった。

しかし、橋が架かっていたので、恐らく島とは意識しなかっただろう。

次が、小学5年生で初めて一人旅した時、海水浴に連れていかれた宮城県の網地島《あじしま》。

船に乗って初めて渡った島だったが、島の風情よりも水の美しさが印象に残った。

一人旅といっても、親に上野駅で急行に乗せてもらい、仙台で親戚にピックアップしてもらうという、あなた任せの旅だったが。


小学生の頃から、地図を見るのが好きだった。

実在する宝島など、不思議な地名に心をときめかせることもあった。

その土地の事情を知らないながらも、全国津々浦々、山の奥また奥の僻遠《へきえん》の地にも、そして絶海の孤島にも、人が住んでいるらしい。どんな場所で、どういう人が住み、どのような暮らしをしているのか。一体、なぜそこに住むのか。日本をすべて歩いてみたいと思うようになっていた。

機会をつくって、少しでも未踏の地に足跡を印したい。せめて、日本国内は自分の目で確かめてみたい。そう思っていたので、1972年に大学生となり、自分の責任で自由に時間を使えるようになったのを機に、実行に移すことにした。

夏休みは肩ならしに、両親の出身地であり、多くの親戚がいて、自分が生まれ、少しだけ住んだこともある東北を、半月ほど巡った。本格的な日本を踏破する旅は、その年（5月に沖縄が祖国復帰）の10月に始まった。

沖縄も気になったが、あまりにも旅行情報が少なく、まずは北海道を目指した。

その時の礼文島《れぶんとう》が、初めて自分の意志で訪れた島だった。

緯度的には宗谷岬が北だが、島には地続きでは味わえない最果て感があった。

その島で約34キロに及ぶ「愛とロマンの8時間コース」（詳しくは16ページ）を歩いた

ことは、今になってみると島にはまる大きなキッカケだったかもしれない。

まれに小さな漁業集落が現れる礼文島西海岸を歩いたのだが、厳しい自然とどうにか折り合いをつけながら暮らす人々に接し、自分の五感で礼文島という小宇宙を、少しだけ理解できたような気になり、思いもかけない満足感に浸ることができた。


空間が限定された島、特に小さな島は、じっくり歩くとその土地をすべて知ったような気分にさせてくれる。波打ち際から山頂まで自分の足で歩き、頂からぐるりと島全体が見えた時など、自分が世界（足下の島）のてっぺんに立った気分で、なんだかその島を征服したような高揚感がふつふつと湧き上がってくる。


海を渡るという行程も、大いに旅情をかき立ててくれる。ふつうは越えがたい水の上を5分、10分船で行くだけでも、異世界に誘われるようなときめきを感じるのではないか。

今まで見えなかった島影が水平線上にポツンと現れ、徐々に大きくなっていき、木々の一本一本や建物が個々に立ち上がり、最後は港へと迎え入れてくれる。

そんな風景の変容にも、心を奪われてしまう。

甲板でぼんやりしていると、時としてイルカやクジラが姿を見せたり、トビウオが見事に滑空することもあれば、どこからかやってきた海鳥が船の一隅に止まることもある。朝日や夕日、日中や夜半。湧いては流れゆく雲、月や瞬く星など、千変万化の表情を見せる大空に囲まれた航海も、島旅ならではの贅沢ではないだろうか。

しかし、ぼくが一番魅せられるのは、そこに暮らす人々の知恵かもしれない。人口が少ないがゆえに社会基盤が整っていない小島は、人間が生きることの根源とは何かを、直に問いかけてくる。水や電気、ガス、し尿処理など、全て自分たちでなんとかしなければならない。例えば、水道の水源地へ掃除に行き、簡易水道の水質管理を行うのも島人だ。島専用の発電所に勤務する人もいれば、回収したし尿を港に浮かべたタンクの中に貯めておいて年に1回運び出すのも住人の役割だし、定期船の綱とりや乗船券の販売も誰かがしなくてはならない。果てしなく生じる夏草対策も、自分たちの仕事。

都会では当たり前の便宜供与も実は当たり前ではなく、知らない誰かの手でもたらされていると気づく。かつて、トカラ列島の宝島で聞いた言葉が忘れられない。

「日本がなくなっても、生きるだけなら自分たちは生きていける」

わずかな断水や最近珍しくなった停電にすぐ大騒ぎする自分と比べて、なんと力強いことか。トカラ列島でもアマゾンや楽天を利用する人が増え、昔とはずいぶん変わった。それでも、人に頼らず自分たちで何とかする、という精神は脈々と受け継がれている。山に行けば山菜や木の実があり、自家菜園では四季折々の野菜ができ、磯に行けば海藻や貝やタコが獲れ、栈橋で釣り竿を伸べればすぐに小魚が釣れる。すべて素性の分かった食べ物ばかり。それを理解し、自然の恵みに感謝しつつ暮らす人の、なんと多いことか。

これが生きるということなんだ！　という思いをさせられる場が島なのだ。

島旅の味わい深さは、年齢とともに増してくる。

最初は、圧倒的な大自然にばかり目を奪われていた屋久島でも、森や山や海ばかりでなく、徐々に集落を歩く面白さが分かるようになってきた。品揃えも決して多くない小さな商店で、話好きのオバァちゃんが店番でもしていれば、大当たりだ。娘時代の島の暮らしを聞かせてもらうだけで、未知の姿が浮かび上がり、屋久島に惚れ直す。

島旅というと、若者が南の島を目指すようなイメージを抱く人もいるようだが、シニアにはシニアなりの人生を豊かにしてくれる島旅がある。様々な人生経験を積み重ね、酸いも甘いも嚙み分けられるようになり、時間的にも余裕がでてきたシニアの皆さんにこそ、自分の興味と足の向くまま、ゆったりとした島旅を存分に楽しんでほしい。

ぼくのそんな思いをぎゅっと込め、これまで歩いてきた島の思い出を振り返りながら、シニアの皆さんのために島旅入門書としてまとめたのがこの本です。

本書をきっかけに、一人でも多くの人に島旅の魅力を知ってもらえたら幸いです。

シニアのための
島旅入門
目次

第三章　島旅のヒント…127

［表紙カバー・本文写真］斎藤 潤

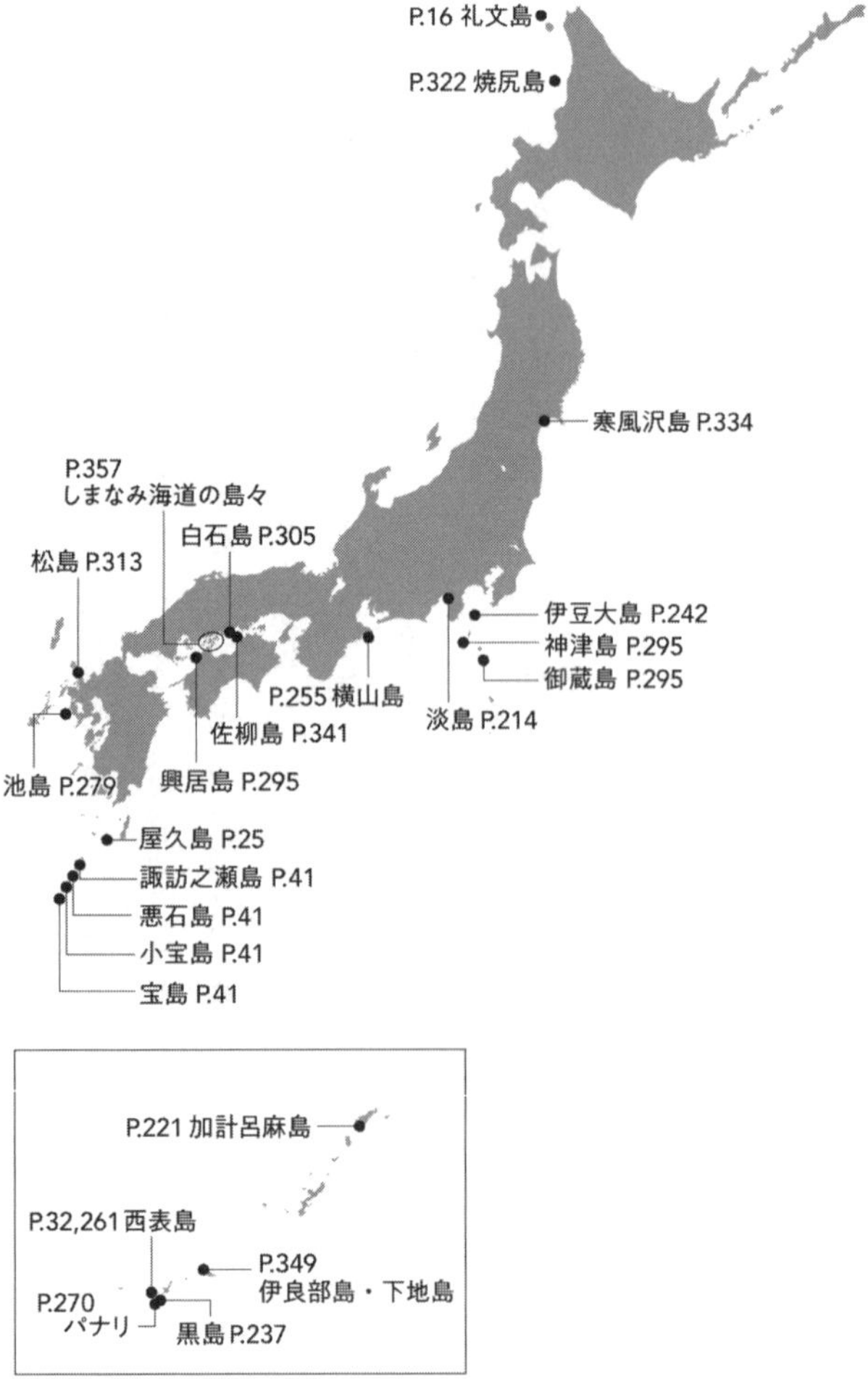
P.16 礼文島
P.322 焼尻島
寒風沢島 P.334
P.357
しまなみ海道の島々
白石島 P.305
松島 P.313
伊豆大島 P.242
神津島 P.295
御蔵島 P.295
P.255 横山島
淡島 P.214
佐柳島 P.341
池島 P.279
興居島 P.295
屋久島 P.25
諏訪之瀬島 P.41
悪石島 P.41
小宝島 P.41
宝島 P.41
P.221 加計呂麻島
P.32,261 西表島
P.349
伊良部島・下地島
P.270
パナリ
黒島 P.237

第一章

島旅の魅力

なぜ、島旅を続けるのか——
島の魅力にとりつかれるきっかけとなった
忘れ得ぬ４つの島旅の記憶。

礼文島《れぶんとう》（北海道）

日本最北の島を歩く

初めて自ら渡った島は、今もしばしば訪れている礼文島だった。

そして、一発ではまってしまった。

しかし、その頃ブームになりかかっていた離島に、のめりこんだわけではない。

礼文島に、魅せられたのだ。

礼文島を選んだ理由は、我が国最北の北海道における、最北の地だったから。

小学生の頃は波穏やかな松島湾内遊覧でさえ完敗だったのだから、10月下旬で海が荒れはじめていた礼文行きの船酔いは酷いものだった。胃の腑が空になっても、嗚咽は止まら

ない。辛かったが、船に乗るということは、そういうものだと諦めてもいた。

それでも、必死になってたどりついた礼文島の自然は、船酔いの試練を補って余りある素晴らしさだった。厳しい自然と共に生きる島人たちも、やさしかった。

その後立入禁止になってしまった、高山植物の宝庫桃岩《ももいわ》のてっぺんまで登ることができたのも、今になってみると貴重な体験だった。

痩せ尾根につけられた踏み跡は細く崩れやすかったので、高山植物と旅人を守るため、立入禁止の措置は仕方なかっただろう。いつ頃禁止になったのか地元に問合わせたが、あまりにも昔で知る人はいなかった。

初めて訪ねてから半年後の6月、高山植物の花たちに会いたくて礼文島を再訪し、またちょんと尖がった桃岩の頂上に立った。今は、礼文島でほとんど見ることがないキバナシャクナゲの花が、たくさん咲いていたのが忘れられない。

初めての礼文で深く記憶に刻まれたのは、抜けるような青空の下、歩き通した「愛とロマンの8時間コース」だった。島ばかりでなく日本全国津々浦々を歩いてきたが、今もって日本で一番好きなハイキングコースだ。

その時は、当たり前のように10月下旬の好天を享受したが、その後30年ぶりに10月下旬の礼文島を訪ねると、吹雪に迎えられた。天候に恵まれた最初の礼文は、何度も礼文に通っておいでと、島の神様が配慮してくれたのかもしれない。

8時間コースは、最北端のスコトン岬から桃岩の麓にある桃岩荘ユースホステルまで歩き通す、延べ34キロのコースで、雄大な自然ばかりでなく、最果てで健気に暮らす人たちの集落も点々と現れ、実に変化に富んでいた。元々は桃岩荘ユースが開拓したハイキングコースで、まれにみる絶景と艱難辛苦を共にした参加者の間に、より深い結びつきが生まれることがあるので、「愛とロマンの8時間コース」と呼ばれるようになったとか。

バスでスコトン岬まで行き、そこからひたすら南下する。しばらく高台の小径を進み、なだらかな浜沿いに開けた鮑古丹《あわびこたん》の家々を縫う踏み跡をたどった。見上げるばかりの頑丈な防風柵が、西に開けた集落の冬の厳しさを物語っていた。

翌年、初夏のウニ漁の時期に歩いた時は、ウニ剝《む》きをしていた人たちが、気前よく味見をさせてくれた。苦いばかりでうまくないというイメージだったウニだが、本当は実に美味しいものだと開眼させてもらったのは鮑古丹だった。

岬巡りコースからスコトン岬とトド島を一望

ここから、標高160mのゴロタ岬（ゴロタ山）までひたすら登る。スコトン岬や鮑古丹、これから歩くゴロタノ浜、利尻富士《りしりふじ》の山頂部、北海道道本土、樺太《からふと》などまで一望された。礼文でも屈指の絶景の地だった。

ゴロタ石の浜や砂浜が連なるゴロタノ浜には、穴の開いた二枚貝の貝殻が落ちていて、これを拾って手作りしたアクセサリーは、良い思い出となった。

浜の果てにある鉄府《てっぷ》から標高100mほどの山を越えて、当時はバスも通っていた西上泊《にしうえどまり》に到着した。少し西に足を延ばせば、沖縄の海を想わせる澄海《すかい》岬の入江もすぐだ。

西上泊から少し上がると、標高200m前

後のなだらかな丘陵を登ったり下りたりする歩道が、どこまでも続く。途中の最高地点は、290mに達する。8時間コースの登り下りを合算すれば、標高1000m以上の山に登ったのに匹敵するのではないか。

最初は草原の中を緩やかに波打ちながら伸びている道で、どちらを向いてもはるばるとした眺望に圧倒された。小径はやがて森の中に吸い込まれる。かつて、鬱蒼とした原始林に覆われていた礼文島だが、明治以降の度重なる大火で、ほとんど失われてしまった。そんな中で、森の気配を堪能できる数少ない場所だ。

森を縫う踏み跡がやがて尽きると、高さ100m、ところによっては150mを超す海蝕崖《かいしょくがい》が見晴るかす限り続く豪壮な風景が広がった。西海岸に連なる断崖絶壁は天気が良ければ礼文島でも屈指の絶景だが、冬に季節風に煽られた疾風怒濤が襲い掛かるさまを想像すると、気が遠くなる。だからこそ、こんな地形が生まれたのだろう。

標高約100mのこの地点から、砂滑りと呼ばれている斜面を一挙に下る。一応、道らしきものはあるが、大変に崩れやすく用心に用心を重ねても危険なほど。天候に恵まれアナマ岩がある海岸まで無事に降りることができたが、何回か滑落事故もあったとか。

8時間コース中の難所砂滑り

砂滑りを下ると宇遠内まで
こんな海岸が続く

そこから宇遠内《うえんない》までの1キロほどは、巨大な岩が転がり積み重なった海岸だった。これまで歩いた海岸とは全く異なる風景の中を、岩伝いに歩く。宇遠内は西上泊と元地《もとち》の間にある、ほとんど孤立した漁業集落だが、大岩ゴロゴロから解放されて、ホッと一息。

8時間コースを歩くハイカーにとっては、憩いの場所だった。当時は民宿もあったが、いつも通過していたので泊まらないまま、消えてしまったのが惜しまれる。

宇遠内《うえんない》から先は、もっときわどかった。岩場なので踏み跡もなく、時々岩の裂け目や巨岩と巨岩の間を渡るための踏み板がある程度。さらに、巨岩が転がっていられるスペースもないほど、断崖が海に迫っていた。見上げると恐ろしいので、足元と前方を交互に見て黙々と進む。

絶対的な大自然に支配された過酷なルートを無事に通過できたが、20年ほど後になって落石による死亡事故が発生。遺族と礼文町の訴訟沙汰にまでなり、1998年5月から通行禁止になってしまった。遺族の気持ちも分からないではないが、人間にあの断崖絶壁のコントロールなどできるはずもない。ということを前提に、今でも一部の島人は通行しているらしい。何かあった時は、自己責任というやつだ。

自然環境の厳しさばかり強調したが、だからこそ水際のささやかな空間を辛うじてつなぐこのルートは、自然の果てしなさを心底感じさせてくれる稀有のコースだった。ちなみに、現在は宇遠内から山を越えるコースに変更されている。

絶壁水際ルートの途中には、島内最大にして落差15mほどの礼文滝や、高さ44mもある一枚岩の地蔵岩などの見どころもあった。それぞれ独立した観光ポイントになるほどのポテンシャルがあり、8時間コースにさらなる魅力を添えていたのに残念だ。

地蔵岩から元地にかけての海岸はメノウ浜と呼ばれ、たくさんの白いメノウが落ちていた。拾われれば少なくなるが、メノウの岩脈が崩落して原石を補給してくれるので、なくなってしまうことはない。ゴロタノ浜の穴あき貝と並んで、波に洗われてきれいになったメノウが、礼文島らしいお土産だった。

最後は、日本海に沈むどこまでも澄みわたる夕陽を拝んで、8時間コースは終了した。

さすがに10月下旬だったので、真っ赤なハマナスの実や咲き残りの小さな白い花、木々のわずかな紅葉や黄葉くらいしか彩りはなかった。晩秋でこれほど心が動かされたなら、花の季節はどうなってしまうのだろう。心の中で、レブンアツモリソウが可憐な花をゆらし、高山植物の花々が咲き乱れるであろう、来るべき春の再訪を誓っていた。

そして、現在も礼文通いは続いている。あと何回歩くことができるのだろうか。

宇遠内と元地間が通行禁止になって以降、数年前8時間コースにもう一度大きな変更があった。なんと、二分割されてしまったのだ。西上泊から宇遠内を通って山中を走る礼文林道へ抜けるルートが、新8時間コースとして独立。北部のスコトン岬から西上泊を経てバス通りの浜中までは、岬巡りコース（4時間コース）とされた。

ユースホステル全盛期には、本物の若者が8時間で踏破していたコースだったが、ぼく

世界でも礼文島にのみ咲くレブンアツモリソウ

のような元ユースでは、とても8時間では歩けない。現在礼文島を歩きにくる主流のシニアたちから、8時間なんて、ウソだ！　という苦情が続出して、現実に合わせるべく二つのコースに分けたのだという。
日頃からハイキングや登山で足腰を鍛えていれば、シニアでも8時間で踏破できるが、慌ただしく駆け抜けるより、絶景や高山植物などを楽しみながら散策してほしい。

屋久島《やくしま》（鹿児島県）

発見されたばかりの縄文杉に会う

初めて北海道へ渡った時に最果ての礼文島を目指したように、初めての九州旅行では最南端の与論島《よろんとう》まで行きたかった。前年の沖縄返還で最南端は波照間島《はてるまじま》になったが、まだ与論島が南の果てというイメージが強烈だったのだ。

稚内から3時間足らずで行ける礼文島と異なり、与論島はあまりにも遠く、初めての九州は訪ねてみたいところばかりだった。与論島以外に、とりわけ気になったのが屋久島と端島《はしま》（以下、軍艦島）だった。九州最高峰が鎮座している上に、老杉の巨樹が繁る大自然の宝庫屋久島にするか、人口密度日本一を誇った海上の未来都市軍艦島にするか。

両方は無理だったので屋久島にしたことは正解だと思っているが、翌年端島炭鉱は閉山になり、軍艦島はあっと言う間に無人化してしまった。そんな顛末を知った後、人が暮らす軍艦島にも何とか渡っておくべきだったたと悔いたが、もう遅かった。

知人友人から、ある島へ行くべきかどうか相談された時は、こう答えている。

「迷ったら、行けばいい。行ける時に、とりあえず行っておくべき」

百聞は一踏（現地に足跡を印すこと）に如かず、なのだ。

1973年3月11日8時、鹿児島の名山桟橋《めいざんさんばし》を出航した船は、一路屋久島の宮之浦港《みやのうら》へ向かった。湾内は穏やかだったが、外海に出ると船は大揺れで、洗面器を抱え込んでひたすら船酔いに耐え、12時20分頃に屋久島に到着。所要時間は、今とほぼ同じだった。

安房《あんぼう》にあった屋久島ユースホステルに1泊して、翌日同宿だった山には素人の2名と一緒に、九州最高峰の宮之浦岳を目指した。3月でも雪が降ることもあるとは、その時は知らなかった。靴も、今でいえばスニーカーのようなハイキングシューズだった。

海抜ゼロから登ろうと、安房の浜まで行って海につま先を浸けてから出発。現在と異なり、安房からひたすらトロッコの軌道を歩いて、小杉谷《こすぎたに》まで到達した。

屋久杉の伐採基地として大いに栄えた小杉谷集落は、最盛時は１０００人近い人口を抱え小中学校（現在も学校跡地ははっきり分かる）もあったが、１９７０年下屋久営林署小杉谷事業所が閉鎖になると、たちまち廃村となってしまった。

しかし、当時はまだ山小屋が残っていて、寝具と白飯も提供してくれていた。ここをベースに宮之浦岳に登るつもりで、小杉谷山荘に1泊した。

山小屋の人が、小杉谷はわずか20、30年前まで屋久杉が鬱蒼と繁る森だったと、太古の昔を語るように遠くを見ながら教えてくれた。何千年という歴史を刻んできた屋久杉たちを、チェーンソーという文明の利器を導入して、たちまち伐《き》り尽くしてしまったのだ。

近年発見された大王杉以上の巨杉について質問すると、縄文杉という呼び名が一般的になってきたが、まだ大岩杉とも呼ばれているということだった。

——岩川氏は生前「縄文杉より大きな木を知っているが、縄文杉がさらし者の扱いを受けているうちは、だれにも明かさない」と語っていたという。（『屋久杉の里』より）

岩川氏とは縄文杉の発見者で、未知の巨杉を大岩杉と命名した岩川貞次さんのことだ。

翌朝6時頃から登りはじめるつもりだったが、少し寝坊して7時過ぎの出発となった。

小杉谷を発って、三代杉、翁杉、ウィルソン株、大王杉、夫婦杉などを仰ぎ見ながら宮之浦岳へ向かう途中、7年前に発見されたばかりという縄文杉の根方《ねかた》でしばし休憩した。周辺で繁茂する木々が縄文杉を取り囲み、今と比べるとはるかに薄暗かった。

それでも、発見された当時の縄文杉を知る人たちは、光はほとんど差し込まず、縄文杉を包み込む木々ははるかに鬱蒼としていたという。縄文杉の姿をもっとはっきり見たいという人たちが、各々見るのに邪魔になると感じた木や枝を切り払ううちに、ずいぶん見通しが良くなってしまったのだ。

存在感は今以上にあったが、やがて漂わせるようになった孤愁はまだ感じなかった。孤独な聖老人ではなく、まだ森の仲間の一員だったからだろう。樹皮はもっと赤みを帯び、生き生きしていた。力強く大地に張った根は剝き出しではなく、根と根の間はしっかりと落ち葉や苔や土に満たされていた。複雑な凹凸がありながら滑らかな木肌に触ると、手のひらにしっとりと吸いつくようになじんだ。根元に立って縄文杉と一緒に記念撮影をした。登山者たちのそんな繰り返しが、老杉を弱らせたのかもしれない。

縄文杉に癒されてからは、ひたすら登り続けた。森林限界を過ぎると、はるばるとした大きな風景が広がり、宮之浦岳の頂上が見えた。朝は雨が降りそうだったのに、すっかり晴れ渡り気持ちのよい青空が全天を覆っている。無事に山頂までたどり着き、昼食も終えてくつろいでいると、別のルートから単独行の人がやってきた。我々3人はハイキングの格好なのに、彼は本格的な山の装備をしていた。大学の山岳部員らしい。

屋久島の情報を交換しているうちに、事故が起きた。丸みを帯びた大岩の上に立っていたぼくが、バランスを崩して岩に手をついた途端、右手首を数センチにわたってスパッと切ってしまった。まるで、リストカットしたよう。どうやら、安山岩《あんざんがん》の中に含まれている斜長石《しゃちょうせき》の結晶の角が犯人だったらしい。

真っ赤な血がだらだらと流れるが、噴き出しはしない。すぐさま、山岳部員がリュックサックから救急用品を取り出して、手当てしてくれた。さすがに手慣れたものだ。

「動脈ではないから、大丈夫」

確かに動脈ではなさそうだ。同行の2人は、大量の血を見てぼく以上に動転している。自分でも応急手当用品は持っていたが、ここまで手際よく確実に対応できなかっただろう。袖すりあうも他生の縁と言うが、彼には感謝してもしきれない。

切れたのが動脈だとしても、腕の付け根を強く縛るなど、止血に努めるしか対応しようがない。何年か前、さる大企業の社長が山頂直下にヘリコプターでヤクシマシャクナゲを見物にきて、シャクナゲの繁みの上に降りたらしい、という風聞を耳にしたばかりだったが、旅の学生にそんな離れ業はできないし、通信手段もなかった。

出血状況を確認しながら小杉谷山荘へ戻るだけ。あそこまで行けば、トロッコで安房まで降ろしてもらえるかもしれない。ほどなくして血は止まったようだったので、日本最南端の高層湿原花之江河《はなのえごう》を経由して戻ることにした。

花之江河は期待通り天空の庭園であり、絵葉書の美しさだったが、最も印象に残ったのは湿原の水中に割れた一升瓶が転がっていたこと。人間が入り込むと、どこでもこんなことになってしまうのか……。

その後は、ひたすら小杉谷を目指して下った。宿の人に事情を告げて傷口を見せると、このくらいなら問題ないと一蹴された。素早い適切な手当てが、功を奏したのだ。

翌日は、小杉谷から縄文杉方面へ少し登り、途中で右折して辻峠を越え、白谷雲水峡《しらたにうんすいきょう》、三本杉を経て、江戸時代から平木（屋久杉を短冊形に割った屋根材）の搬出路として利用

縄文杉を仰ぎ見る。1973年3月撮影

発見7年目の縄文杉、根元に立つのは筆者。1973年3月撮影

されてきた楠川《くすがわ》山道を楠川まで下り、バスで安房まで移動して外科に行くと、時々消毒をして傷口が塞がるのを待つように言われた。

今も、右手首に残る傷跡を見るたびに、屋久島と宮之浦岳を思い出す。

その後、屋久島へは十数回行ったが、観光客がますます増えているこの10年近く、足が遠のいている。任意ではあるものの入山協力金の徴収が始まり、それを担当者が着服して解雇され、裁判沙汰になっている。いろいろな意味で刻々と、そして果て無く変貌しつつある屋久島を、近々見に行かなくてはと思う。

八重山《やえやま》群島（沖縄県）

日本にこんな場所があったとは

沖縄と八重山へ初めて行ったのは、本土復帰の翌々年１９７４年だった。振り返れば今から45年も前になってしまったが、その時の記憶の断片が、時々昨日のことのように蘇ってくる。それまでにない解放感を味わった旅でもあった。

9月末日、東京から船で沖縄へ向かった。まだ、沖縄へ行った友人が一人もいない時代、多少の不安を抱えての船出だった。東京を出航して船中で2泊し、3日目に那覇に到着。

那覇港では、スクリューに巻き上げられた白砂で濁ってはいるが、目が覚めるようなターコイズブルーの海水に吸い込まれそうだった。那覇に1泊だけして、船を乗り継ぎ石

垣島を目指した。現在は空路しかなくなってしまった那覇と石垣だが、当時は夕方那覇を出航して翌朝石垣に着く船便があり、寝ている間に移動できるので愛用していた。ＬＣＣもなければ、船の燃油代も安く、飛行機と船の運賃格差が歴然とあった時代だった。

初めて石垣港に降り立った足で、すぐに西表島《いりおもてじま》西部へ向う。北海道に初めて行った時に、礼文島を目指したのと同じ思いだった。

ともかく、最果てに行ってみたい。八重山群島には、有人島の最西端与那国島《よなぐにじま》と最南端波照間島がある。

しかし、ぼくの中では鬱蒼としたジャングルに覆われ、発見されたばかりのイリオモテヤマネコが棲む西表島こそ、最果てだった。西表島の中でも、西部が果ての果て。

宿の情報もなく、西部全体で一般人が使える公衆電話は郵便局の１本だけ。

強いて宿情報はといえば、港に到着すると民宿の客引きがたくさん待っている、はずだということだけ。観光的には季節外れだったが、小さな船には自分と同年代の若者がたくさん乗っている。向こうに行けば、何とかなるだろう。

船べりに脚を垂らして、大いに感激した那覇港などとは比べものにならないくらい澄んだ水と、海底で揺らめいて見える白砂と時には黒々とした重なり合う森のようなサンゴを、ただただ呆然と眺めていたら、目のくりっとした小柄でかわいらしいオバァに話しかけられた。今考えると、前大千江子さんは30代半ばからせいぜい40代前半だったはずだが、いつの間にかお客からオバァと呼ばれるようになっていた。

「ニイさん、宿は決まっているかね〜」

決めたくても情報も連絡手段もないので、決まっているわけはない。

「いや、まだなんです」

かつて西表島へ通っていた貨客船

「そうしたら、うちに来んね〜。最近、カンピラ荘という民宿をはじめたさ」

こんなに明るく積極的でかわいらしいオバァが切り盛りしている宿なら、間違いないだろう。渡りに船ですぐに泊めてもらうことにした。千江子オバァは、船上でその後も何人か客を確保して、船浦港《ふなうらこう》（現在は、上原港

与那国島の西崎灯台で記念撮影

カンピラ荘の前で記念撮影

に着く）に到着。

確かに、桟橋には客引きが群がっていた。すでに宿が決まっている我々は、時吉オジィが運転する2トントラックの荷台に乗り込む。10分ほど走って、上原にあるコンクリートの建物の前で止まった。2、3泊のつもりが、その後延べ15泊することになった、カンピラ荘だった。奥は昔からの赤瓦の木造住宅で、客室はそちら。当然、相部屋だ。

一番奥は、数人から多い時では10人ほどの長期滞在者がたむろしていて、土方部屋と呼ばれていた。お金がなくなると宿泊費を稼ぐため、工事現場やパイン工場などに働きに行き、1年以上滞在している人も数人に上った。

西表島西部で、初めてカヌーを導入しエコツアー的なアクティビティーに取り組んだのも、ダイビングショップをはじめたのも、貝細工アクセサリーのショップを開いたのも、土方部屋の住人たちだ。土方部屋は、移住者の揺りかごだったといっても過言ではない。そういう彼らの生きざまに、衝撃を受けなかったといったら嘘になる。特に憧れたわけではないが、彼らは人生の選択肢は無数にあるのだと感じさせてくれた。

周辺には食堂も店もなかったので、どこの民宿でも1泊3食付き。部屋に荷物を置くと食堂に昼食が用意されていた。大鍋で煮たインスタントラーメンにご飯などというメニューが多かったが、猟期に入るとイノシシ肉やイノシシのレバーや肺などの内臓たっぷりのカレーが出ることもあった。昼に戻らない時は、弁当を持たせてくれる。

昼食後、早速最果ての自然の中に飛び出した。手の平で砂をすくうとほとんどが星砂《ほしずな》という浜辺で、どこまでも青く澄明な海と森のようなサンゴの間や周りで踊る色鮮やかな魚たちに息をのむ。その後は、中野にある一部は這わないと通過できない場所もある、未開発の鍾乳洞（個人所有で現在は入洞不可）で、トムソーヤーの冒険の世界に転げ込んでしまったような興奮を覚えた。

そして、夜。夕食には、ノコギリガザミやイソハマグリ、オオタニワタリの芽など、地元の食材もよく並んだ。食後は、八重山の泡盛請福《せいふく》を飲みながら、時吉オジィの三線の音に乗って鳩間節《はとまぶし》を生き生きと踊る千江子オバァに拍手喝采。ほかにもいろいろと踊ってくれたが、鳩間島出身の千江子オバァの得意は、もちろん生まれ島の鳩間節だ。また、安里屋ユンタなどの地元民謡を教えてもらい、宿泊者みんなで大合唱。

当時の民宿はある種の熱気を孕んでいたところが多く、夜遅くまで他の宿からも歌声が聞こえていた。ずいぶん経ってから、宿に関係のない島人たちは旅行者のバカ騒ぎにひどく迷惑していたと聞き、ごもっともです、申し訳ありません、と感じたものだった。

サンゴ礁の浜辺に寝ころんで、満天の星を仰いだり、流れ星を探したり、時には天の川を横切るヤエヤマオオコウモリのシルエットに歓声を上げることもあった。

夜間、宿の沖合に大型船が停泊すると、また金曜日が巡ってきたと知る。沖縄から台湾に向かう船が、ここで停泊して時間調整をするらしい。

今でも西表島を代表する観光地の浦内川《うらうちがわ》とカンピラの滝、マリュウドの滝を巡り、薄紫のミナミコメツキガニで覆われた広大な干潟やマングローブの中を抜けてヒナイサーラの

鏡のように凪いでいた西表の浦内川

カンピラ荘の相客とマリュウドの滝へ

滝を訪ね、神々の遊び場といわれる月が浜を散策した。もちろん、夜は宴会の連続。酒宴から抜け出しヤシガニを捕まえてきて、みんなで恐る恐る食べたこともあった。

一週間もしないうちに、素人が近付ける有名無名の主な見どころを見尽くした。それだからといって、西表の大いなる自然の魅力は少しも褪せなかった。訪れるたびにこれまで気づかなかった発見があり、自然との仲がどんどん深まっていく快感にしびれた。

いつか、新たに来たお客の案内を頼まれるようになった。今になってみると、無料のネイチャーツアーガイドといったところだろうか。自分も自然をたっぷりと味わいながら、彼らの驚いたり喜んだりする表情を見るのも、また違う楽しみだった。

哺乳類、爬虫類、昆虫、植物、海洋生物、地質など、専門知識を持った研究者たちが、西表の自然に挑もうとよく泊まりにきていたので、彼らから詳しい話を聞かせてもらうのも得難い経験だった。ゴキブリやダニの専門家もいて、どんな分野にもその道に精通した人がいるものだと感心すること頻《しき》り。にわかに得た専門的知識を、ネイチャーツアーの最中にしたり顔で早速披露したこともある。

宿泊数が10泊を超えたころ、ちょっとまずいなと気づいた。カンピラ荘と西表島の居心地が良すぎて、このままでは初の八重山旅行は、西表島長期滞在で終わってしまいそう。意を決して、12日目に西表島を脱出し、与那国島と波照間島も巡った。しかし、西表の日々があまりにも濃厚で磁力が強かったため、舞い戻らずにはいられなかった。

船浦港からカンピラ荘に帰る道すがら、今日は祖納《そない》と干立《ほしたて》で節祭（シツィ）をやっているので、見てきたらいいさとオバァから勧められた。前回の滞在期間はもっぱら大自然に溺れていたが、シツィの素晴らしさには心の底から揺さぶられるような感動を覚えた。

美しい白砂の浜で変化に富んだ芸能が奉納され、どれもが神と人とのさりげない一体感

西表島の祖納でちょうどシツィをやっていた

竹富島で種子取祭に遭遇

を漂わせている。ぼくが滞在したのはそれほど長い時間でもなければ、途中の一部分を覗き見ただけだったが、この世のものならぬ空間にどんどん引き込まれていくような錯覚に陥った。日本にも、こんなかむながらの祭が残っていたのか。数百年続いているという奉納芸を見つめながら、大自然だけではない西表に心を鷲づかみされて大満足だった。

さらにその4日後、竹富島《たけとみじま》で重要無形民俗文化財に指定される前（指定は1977年）の種子取祭（タナドゥイ）に遭遇。自然だけではない八重山の奥深さに、すっかり魅せられてしまう。そして、半年後の翌年4月、再び八重山へ向うことになった。

トカラ列島（鹿児島県）

もう日本に恐い島はない

空白の海域にされかねない屋久島と奄美大島の間に、島が点々と連なっている。

日本最後の秘境ともいわれるトカラ列島だ。

7つの有人島と5つの無人島からなり、十島村《としまむら》という自治体でもある。

最南端の島の名は、宝島《たからじま》。

こんな名前の島が、実在するなんて。小学生の頃か、中学時代だったか、日本の地図に宝島を発見した時は、ワクワク感が抑えきれなかった。いつか行ってみたい。そんな思いを胸に秘めたまま時は流れたが、ヒッピーと呼ばれる若者たちが暮らす島として、トカラ

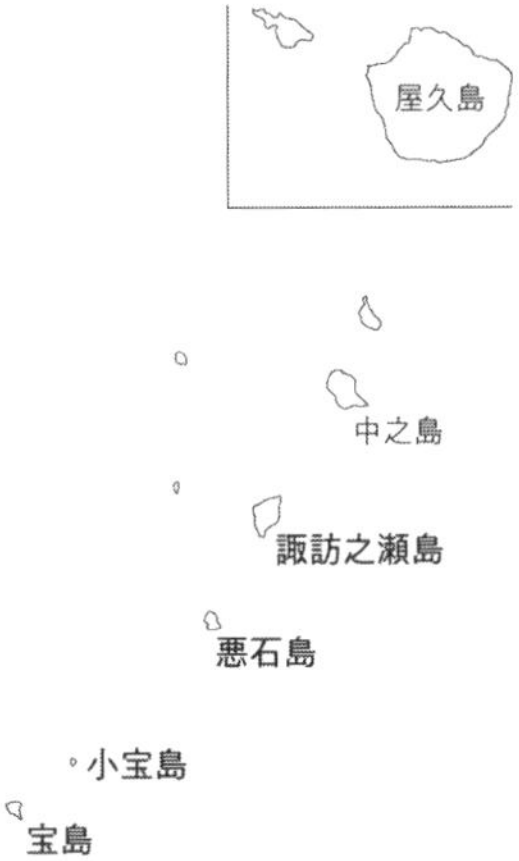

の諏訪之瀬島《すわのせじま》がテレビで紹介され、心に火が付いた。

八重山と沖縄に魅せられていたが、次はトカラに挑戦しよう。

1975年9月末、真鍋島《まなべしま》や甑島《こしきしま》、三島村《みしまむら》(竹島・硫黄島・黒島)、十島村(トカラ列島)、奄美群島の主な島々を渡り歩き、12月に沖縄にたどり着いて、12月中旬沖縄からフェリーで東京へ戻るという、ほとんど行き当たりばったりの旅に出た。

その長旅のハイライトが、トカラだった。

10月下旬から11月中旬にかけての1ヶ月弱で、諏訪之瀬島、小宝島《こだからじま》、悪石島《あくせきじま》の3島を巡った。沖縄の八重山すらほとんど情報のない時代だから、トカラはほぼ皆無だった。

西鹿児島(現鹿児島中央)駅前の観光案内所で、トカラの情報を聞いたところ、あんな何もないところ行っても仕方がないと、言われただけ。もちろん、そう語る当人は行ったことも、行くつもりもない。まるで人外魔境《じんがいまきょう》について語っているような口ぶりだった。大して期待はしていなかったが、地元鹿児島でもこんなものか。たぶん、鹿児島市民はトカラを同じ鹿児島と認識していないに違いない。

そう思いつつ、十島村役場へ行って情報を収集したが、命綱である連絡船第3としま丸のおよその運航予定と、宿があるのは中之島だけだから、他の島では上陸してから区長に相談せよということくらいしか分からなかった。宿がないので、各家が持ち回りで旅人を泊めるというシステムになっているらしい。もちろん、有料で。

そんな中、鹿児島市内の古書店で出会った稲垣尚友によるガリ版刷りの好著『トカラの地名と民俗』上下2冊が、心強いガイドブックとなった。

最初は、晴れやかな宝島とは対照的に恐ろし気な名前の悪石島にでも降りて、その後ヒッピーの諏訪之瀬《すわのせ》島へ移動するつもりだった。しかし、船中で知り合った諏訪之瀬島の先生が、宿はどうにかなると言うので、つい最近完成したという切石港《きりいしこう》に艀で上陸。区長も参加している通船作業が終わるのを待っていたら、終了後艀は以前から使っている元浦港へ回航したという。もちろん、区長も乗せて。

仕方ないので、道に迷いながら集落までたどり着き、『トカラの地名と民俗』を頼りになんとか区長の家にたどり着くと、今回は自分のところで泊める番だと、すんなり受け入れてくれた。ただし、ぼくが肩までの長髪に八重山のミンサー織のヘアバンドという、いかにもヒッピーらしい格好だったからだろうか、区長はかなりよそよそしかった。それでも、明るく愛想のよい宿のオバちゃんが救いだった。

　上陸して3日目の午後、区長の隣に住むバンヤン・アシュラマと関係が深いロクさんに誘われた。バンヤン・アシュラマとは、在住の島人たちがヒッピーと呼ぶ若者たちが、修行場を中心に自力で荒地を切り拓いて作った集落のこと。島人たちは、新興集落もそこに住む若者もひとくくりにして、バンヤンと呼んでいた。ぼくもバンヤンに興味を感じて諏訪之瀬島に降り立ったのだが、どう近づけばいいか分からずにいた。また、どこかで親近感を持ちながらも、異《い》なる者たちに対する警戒心もなかったとは言えない。

　刀鍛冶の下で修業していた経験もあり、島で鍛冶屋をはじめたいと語るロクさんと話をするうちに、バンヤンへ行ってしばらく滞在してはどうかと勧められた。

　翌日、ロクさんの紹介でバンヤンへ行くと、みんなはちょうどおやつの最中だった。一緒にご馳走になってから、持っていた食料を全て供出。教えられた日課は、次の通り。

　当番は、5時30分起床（朝のお茶の用意）。当番以外は、6時半頃起床、7時まで座禅をして、7時からお茶。10時まで朝の労働をし、10時から朝食。午後は2時からおやつ、6時から7時頃まで働いて、7時から夕食。その後は、自由時間だ。

諏訪之瀬島のバンヤンアシュラマ。当番が調理中

バンヤンアシュラマの牛小屋

金も余分なものを全部出してほしいと言われ、予備の1万円を醵出《きょしゅつ》する。宿泊名簿に記入。見ると知り合いも10月6日の船でバンヤンに来ていた。1便滞在して帰ったらしい。

その後、畑の開墾に3、4時間取り組む。久しぶりに鍬を握ったからだろう、とてもくたびれ、肉刺《まめ》ができて潰れた。

食事は、スープ（味噌、若布、魚、摘まみ菜など）、麦飯（丸麦）、魚の空揚げ（ガボ、メバルなど）、サラダ（春雨、トマトなど）、昆布で、なかなか美味しい。食後1、2時間、おしゃべりをする。ロウソクの灯火で日記をつけるので、目がとても疲れた。

食事場所は屋外で、灯はランプ。建物の屋

根は竹の小枝で葺いてあり、壁は割った竹を網代《あじろ》に編んだもの。少し前まで、トカラの伝統的な建物はこうだったという。

開墾したり当番で食事を用意したりしながら、多様な蔵書をひもとくこともあった。時には長々と瞑想に耽ったりしながら、バンヤンで10日間ほど過ごした。諏訪之瀬島では、延べ半月ほど過ごしたことになる。

翌年、その諏訪之瀬島から信じがたい悲報が飛び込んできた。

トカラ海域に居すわり、2000ミリという脅威的な雨を降らせた台風17号による土砂崩れのため、9月11日にロクさんはその日生まれたばかりの赤ちゃんと一緒に（お母さんは奇跡的に助かったが）帰らぬ人となったのだ。他にも3人が土砂に命を呑みこまれた。

諏訪之瀬島の次に訪れたのは、トカラ最小の小宝島だった。当時はまだ風葬が残り、天水に頼った稲作も行われ、港のすぐ脇に温泉が湧き、コンクリート製の浴槽もあった。

ここで1週間過ごし、宝島へ移動しようと船を待っていると、区長さんに聞かれた。

「宝島へ行きたいのか」

そうですと返事すると、今日の波では通船作業できないから、風来坊のぼくのために連

当時、小宝島には風葬の風習が
残っていた

小宝島の田園風景

絡船を一晩沖に停泊させて凪ぐのを待つというではないか。特に予定もないぼくのために沖掛《おきがか》りするなんて滅相もないと、ていねいにお断りした。

そのため小宝島は抜港してそのまま宝島へ下り、翌日宝島から上ってきた。しかし、貧弱ながらも港湾施設のある湯泊《ゆどまり》港からは、まだ艀を出せるような海況ではない。風下の海岸にまわって、第三としま丸から降ろした小さな艀《はしけ》を待つ。

木の葉のように揺れる艀は、波が鎮まるのを待って小さな天然の入江に突入。そこで、ぼくも含めた人間だけを拾い本船へ戻ろうとした。やはり波を観察してタイミングを見計らっていたはずなのに、ちっぽけな艀は大波を食らってしまった。転覆こそ免れたが、全身びしょ濡れ。それでも、これが日常茶飯事という暮らしだった。

小宝島の次は、一度見送った悪石島に上陸した。ぼくの格好からすると仕方がないが、悪石島の人たちは特にヒッピー風体の人に違和感があるようで、お前のようなヤツが上陸する島ではないと言われた。だが、浜集落の有川勝吉さんが泊めてくれることになった。島人のあしらいが優しいからだろう、島人がよく集まる家だった。飲みに来ていた島の若者から、ぼくは因縁をつけられたが、勝吉さんがぼくの説明をそのまま受け売りで、釈明してくれた。ヘアバンドはヒッピーの印ではなく、沖縄の伝統工芸品ミンサー織だから、この人はヒッピーではないと。なぜか、皆がそれで納得してくれた。

奥さんの幸子さんは料理上手で、豆腐どころとして有名な悪石島でも飛び切り美味しい豆腐をご馳走してくれた。苦汁の代わりに、海水を使う豆腐で、固まりかけた寄せ豆腐を啜《すす》ると温かく、柔らかな豆の香りが立ちほのかな塩味が漂う絶品だった。

朝はゴキゴキした獲りたてのオキザワラの刺身は、昼にはしっかりした歯ごたえ程度になり、夕食時はとろける感触に近くなっていた。

話は少し時を下るが、悪石島でボゼの話を聞き、翌々年に初めて見学に出かけた。２０１８年「来訪神：仮面・仮装の神々」の一つとして、ユネスコの無形文化遺産に登録されたボゼもさることながら、明け方まで繰り広げられた奄美系の盆踊りは、男女が延々と掛け合いで歌うまさに歌垣《うたがき》の世界で、西表島祖納のシツィや竹富島のタナドゥイ以上の衝撃を受けた。昭和50年代になっていたが、まだ日本には知られざる来訪神や記紀や万葉集の時代が残っているのかと。

悪石島でも1週間過ごし、昔から気になっていた宝島は船上から眺めただけで、奄美大島の名瀬《なぜ》へ下った。宝島沖から、遠目に白い砂丘が確認できたのだが、それから17年後に初めて宝島への上陸を果たした時は、すっかり緑化され眩かった砂丘は消えていた。

緑化事業が進行中だった宝島の砂丘

コラム❶

住基人口と実人口

日頃自分が暮らしている場所の人口を意識することは少ない。

しかし、小島に降り立つと、妙に人口が気にかかる。

ほとんど人影を見かけないけれど、大丈夫なのだろうか（大きなお世話か）。

一体、この島には何人住んでいるのだろう？

この「住んでいる」という自明の理に思えることが、実はなかなか曲者なのだ。

健康に差し障りなく暮らしていると、自分はどこに住んでいるか、まず考えない。あまりにも当たり前のことだから。しかし、行政などの第三者から見ると「住んでいる」という状況は、なかなか判断しずらい要素を含んでいる。

普通（この普通という概念も実は怪しい）、ある場所を拠点にして暮らしていることを「住んでいる」というのではないか。『広辞苑』も「住む」については苦労しているようで、「生物が巣と定めたところで生活を営む意」と説明している。

ということは、「住む」はそこに常在していることを前提にした状態なのだろう。

ほぼいつも、島で過ごしている。時々、都会の子どものところへ行って何日か過ごしてくる。対岸の病院や施設に逗留することが多く、島で過ごす時間は半分以下。本土の子どものもとで過ごすことと、島の自宅にいることが半々。この辺までは、島に住んでいると解釈していいだろう。

ふだんは街の子どもの家で暮らし、たまに島へ戻る。病院に入院したきりで、島へ帰る見込みが立たない。施設に入り、もう島へは戻れない。となると、もう住んでいるとは言えないのではないか。しかし、行政はそこまで把握できないし、把握しようがない。

そこで採用される数字が、住民基本台帳に載っている人数だ。略して、住基人口。役場などに問合せた時に教えてくれるのは、基本的にこの数字。

それに対して、基本的に島で暮らしている人の数が、実人口となる。

人口規模が3桁くらいまでなら、自治会長などが実人口を把握していることも多い。人口減少に関して、常に大きな関心を払っているからだ。人口2桁の島なら、頭の中で数え上げて「58人、かな」などと教えてくれることもある。

合併で大都会の一部になった小島の人口を、さる市役所に問い合わせたことがある。まず、受付けで「うちにはそんな島はありません」と言われた。「〇〇港の沖にある、××島なんですが」と問い返すと、慌てて島の担当部署に回された。

何ヶ所かたらい回しされ、「10人から20人くらいだと思います」という回答。

2年前、××島を訪れた時、実人口はすでに8人になっており、もう1人、2人減ったら、無人化するしかないのではと島人が嘆いていたので、××島の記事を書くにあたり、無人化していないかどうか確認したかったのだ。

担当部署では、住基人口すら把握していないようだったので、無人化していないことだけ確認した。厳然たる事実と思える人が住んでいるという状態は、かくも危うい。

少し大げさかもしれないが、「住んでいる」とはどういうことかを突き詰めていくと、最終的には人間の存在とはなにか、という大きな命題に突き当たる。

人口を確認することから、哲学の袋小路に迷い込んでしまうわけだ。

そんなきっかけを与えてくれるのも、島の面白さだろう。

コラム❷

日本の島について、やさしい概論

島とは、周囲を水で囲まれた陸地を指す。

少し難しく言うと、環海性（環水性）と狭小性、隔絶性が、島の特性といえる。

海上保安庁が日本の島を数える際に採用した基準は、最大縮尺海図と２５０００分の１陸図を用いて、周囲が１００ｍ以上あれば、橋や防波堤で本土と繋がっていても島と見なすが、埋立などで繋がってしまったものは除くというもの。

広辞苑には、第一義が「周囲が水によって囲まれた小陸地」とある。たぶん、わざわざ小陸地としたのは、「陸地」とすると大陸と称する陸塊も、実は図体のでかい島に過ぎないと知られてしまうからだろう。島の特性とされる狭小性も、同じ考え方か。

国連海洋法条約第１２１条「島の制度」の第１項には、島の定義として「島とは自然に形成された陸地で、水に囲まれ、高潮時においても水面上にあるもの」とある。

日本に、一体いくつ島があるのか。

総務省統計局は「日本統計年鑑」の中で「国土構成島数、面積及び主な島」に６８５２という島数を記載している。

主な島は、択捉島、国後島、沖縄島、佐渡島、奄美大島、対馬、淡路島、天草下島、屋久島、種子島、福江島、西表島、徳之島、色丹島、島後、天草上島、石垣島、利尻島、中通島、平戸島と、面積が大きい順に35島が並ぶ。

本州、北海道、九州、四国、沖縄まで本土（でも、本当は島）と考えると、離島の数は６８４７ということになる。

有人島の数については、日本離島センターのサイトには、以下のように記されている。

——国土交通省の資料（平成30年6月13日開催国土審議会第16回離島振興対策分科会配布資料「日本の島嶼の構成」）によると、平成27年国勢調査による日本の有人島数を４１６島（※内水面離島である沖島〈滋賀県〉を含む）、無人島を６４３２島としている。

７０００島くらいではなく、６８５２という詳細な数字を国が発表していれば、当然具体的な島名が知りたくなる。逆に、名前を記しながら数えなければ、重複や脱落の危険性も高まるので、誰しもが６８５２島の一覧が存在しないわけはないと考えるだろう。

ところが、2014年9月9日、『長崎新聞』に、驚くべきニュースが載った。

――日本には「6852」の島があるとされるが、個別の島の内訳を示す資料が存在せず、根拠があいまいであることが、7日まで五島市で開かれた日本島しょ学会の研究発表で明らかになった。同市の弁護士で、同学会員の古坂良文さんが6852島の内訳などを求めて海上保安庁へ情報公開請求したが、「資料の不存在」を理由に不開示とされた結果を発表した。

――古坂さんは「基礎的な情報であるので、客観的な基準を新たに設けてあらためて調査することが望ましいのでは」と指摘。同保安庁は取材に対し「現時点では（6852の島の）一覧表作成などの予定はない」としている。

知人の古坂さんに直接聞いたところ、こう語ってくれた。

「法定の不開示事由（個人情報、法人情報など）に該当するから開示しない、という不開示決定であればまだ訴訟で争いやすいのですが、今回のように『文書を保有していない』という理由での不開示の場合については、［文書を保有していないことを理由とする不開示決定を争う場合には、争う側に文書の保有についての立証責任がある］とした最高裁判例があるため、本件では私の方で文書の存在を立証する必要があります。この立証はそれほど簡単ではない、ということもあり、総合的に考えてとりあえず今回は提訴は見送りました」

最近のように国の統計に対する信頼が揺らいでくると、余計に6852島の具体的な名前を知りたくなるのは、ぼくだけではないだろう。

さらに知りたいのは、個々の島を積み上げることなしに、6852もの数字を間違いなく算出し得たという魔法としか思えない方法だ。

ちなみに、日本の東西南北端はすべて島。東端は南鳥島（東京都小笠原村）、西端は与那国島（沖縄県与那国町）、南端は沖ノ鳥島（東京都小笠原村）、北端は択捉島（北海道）だが、実効支配している場所となると、北端は弁天島（北海道稚内市）となる。

与那国から択捉島までは約3300キロあり、海外でいうとカリフォルニアからフロリダやヨーロッパ最西端のポルトガル・ロカ岬から黒海までと同距離になる。

参考のために、大陸と島の境界について記しておこう。世界的には、グリーンランド（216万平方キロ）より小さい陸地が「島」、オーストラリア（769万平方キロ）より

北方領土を除く最北端は宗谷岬沖の弁天島

日本最西端の地は与那国島の西崎灯台

船上から望む南端の沖ノ鳥島。
中央は作業架台

大きな陸地が「大陸」と定義されている。

大きな順に並べると、グリーンランド、ニューギニア、カリマンタン、マダガスカル、バフィン、スマトラ、本州（22・8万平方キロで、世界7位）、グレートブリテン（イギリスの主島、22万平方キロ）と続く。

世界における、北海道、九州、四国の順位は、以下の通りだ。北海道は21位（7・8万平方キロで、チェコとほぼ同面積）、九州は36位（3・7万平方キロで、台湾とほぼ同面積）、四国は49位（1・9万平方キロで、スロベニアとほぼ同面積）。

近年、北方領土返還に関して期待を抱かせるような報道がしばしばなされているが、現実的には極めて難しそう。もちろん、ぼくも返還してほしいと願っているが。

ところで、北方領土の中でも一番大きく、我が国最北端の地でもある択捉島の面積3183平方キロとは、どれくらいの大きさなのか。

沖縄本島の2・6倍。

択捉島より狭い都府県が、香川県、大阪府、東京都、沖縄県、佐賀県と、5つもある。一番狭い香川県に至っては、択捉島の6割弱の面積しかない。

第二章

島旅のイロハ

さあ、心わき立つ島の旅へ――
旅の準備から島の歩き方、そして思い出の整理まで、
シニア島旅初心者のための旅指南。

1. 準備編

［1］目的地となる島を決める

目的地の決定、資料収集、時期の絞り込み、島までの航路の確認、島への玄関口となる港までの交通、旅程および宿の決定と、便宜的に6項目に分けて案内するが、すべての要素は混然となって絡み合っている。だから、実際に島へ行こうと思い立って準備をはじめれば、どれも並行して進めるというのが現実的だ。

特にどうしようかと悩む点があれば、それを中心に据えて参考にしてほしい。

「楽しい」を最優先

ふつう旅立つには、目的地と目的（そこで何をしたいのか）を決めなくてはならない。目的（目標）がはっきりすればこそ、出かけようという気も起きるというものだ。改めて机の前に座り、さあどこに出かけようか、などと力んでしまうと楽しくない。

遊びで島へ行こうというのだから、楽しいことが何より。行き先を考えていて楽しくなかったら、別の機会に譲った方がいい。

目的地を決めるには、日頃から皆さんが無意識にしている方法が一番いいだろう。友人との会話、新聞、雑誌、テレビ、ネットなど、様々な情報に接する中で、ここに行ってみたいと、ピンとくることがある。あるいは、ここだ！　とは思わなかったが、いつまでも忘れられない風景や食べ物、文化財、祭りなど何でもいい。そんな島をメモ書きにしておき、気が向いたら調べてみるのも、旅へ向かう準備運動になる。

この本を手に取ったということは、自分で明確に意識していなくても、きっと気になっている島があるに違いない。心の内に秘められた島を、探せばいい。

一方、当てのない旅、放浪の旅、ダーツの旅のように、目的地がなかったり偶然任せもあるけれど、そんな旅を志向する人は、この本を手に取っていないはずだ。

ベタかもしれないが、日本地図を広げて自分を誘ってくれる島を見つけるという手もある。昔から字面と響きが気になっていて、娘と初めての２人旅をした時、引き寄せられるように訪れ、深い縁ができてしまった寒風沢島《さぶさわじま》のような土地もある。

宝島で聞いた話だが、地図で発見した島の名前に惹かれて訪ねてきた床屋さんが、しばらく島を訪れては出前床屋のようなことをやってくれたという。

心惹かれる島へ

時間に余裕ができないと行きにくい島もある。

その典型が、日本で一番遠い島と言われる小笠原だ。所要時間だけで見れば、アメリカやヨーロッパよりはるかに遠く、南米やディープなアフリカ並み。船便が限られているので、最低でも1航海6日間は必要となる。

かくいう、ぼくもそうだった。とりあえず行こうと思えば行けないこともなかったが、せっかくなら2航海は滞在したいと思っていたので、初めて訪れたのは20年弱勤めた会社を辞めた年の初夏だった。2航海滞在して、その間硫黄島の取材も敢行した。

定年を迎えはじめた周囲の友人たちの中にも、退職したら小笠原へと語る人が何人もいる。仕事に追われていた時は、心の奥底にしまっておいた目的地をもう一度探し出してもいい。アイデンティティー探しではなく、別の意味での自分探しの旅。

2017年の秋、10年ぶりに伊豆諸島最南端の有人島にして、全国一小さな自治体でもある青ヶ島《あおがしま》（青ヶ島村）へ渡った。それまで、3回行ったことがある青ヶ島だったが、宿泊客はほとんど仕事関係で、観光客らしき人とはまず会ったことがなかった。

ところが、その時は別々に3人の観光客と長々と立ち話をして、ヘリコプターの席を確保できなかった数人の旅人と、連絡船の上で一緒になった。ぼくの泊まった宿は1人だったが、他の宿にはけっこう観光客もいたらしい。

ダイビングも島も好きで、国内外のあちこちの島を歩いているという中年男性は、2週間ばかり前にテレビ番組で青ヶ島を知り、こんな島があったのかと驚いて、急遽ヘリコプターの空きのある日を探して飛んできたと語っていた。こんな離れ業は旅慣れていないと容易にはできないが、思い立ったが吉日は特殊な島である必要はない。大した理由が見つからなくても、自分が心惹かれた島であればいい。

［2］島に関する資料を収集

知りたい情報は人それぞれだろうが、渡島手段や見どころ、宿や食堂や店の有無、島内交通などは欠かせないだろう。島の規模によって状況が大きく異なるが、無駄なく島を巡るには、前もって島内での移動手段を確認しておくことが重要だ。ただし、無駄な動きを楽しみたい向きには、余計な忠告はしないでおこう。

すでにネットを使いこなし、ネットを駆使して情報を収集している人は、このページを飛ばして読んでもいい。ただし、必ずしもネットが万能なわけではない。あるいは、ネット検索するにも調べたい島に関する知識がある程度ないと、検索のしようがない。だから、一度目を通しておけば何かしらヒントを得ることができるかもしれない。

帝国書院の地図帳

ぼくは、国内における島と本土の位置関係などを概観するため、帝国書院で出している『新詳高等地図』を愛用している。高校生が使う地図帳だ。日本地図がしっかりと頭に入っていればいいが、そうでなければまず地図帳で島がある場所を把握する。

現地の詳細な地図がほしい時は、国土地理院の地図がすべての基本となる。

そこまで詳しくなくともという時は、該当する地区の旅行情報誌などを参照するか、地元の観光協会や観光課から送ってもらってもいい。やはり、ネット上の地図より紙の方がイメージしやすいのではないか。

紙の地図を広げて、不思議な地名やなぜここにこんなものがあるのかという謎の物件などを探して、想像の翼を広げるのも楽しい。例えば、香川県の手島《てしま》（豊島《てしま》ではない）には知的に挑発してくる地名が多い。

埋葬《まいそ》の浜、死城門鼻《しじょうもんばな》、鬼の臼岩、チンチン山、やれやれ松、成仏《じょうぶつ》、天竺天《てんじくてん》、おらび谷、無尽井戸、迷い岩、河童の腰掛石などなど。

民話や昔話のような、おどろおどろしい字面や不思議な響きのものばかり。もっとも、これらの地名は地元へ行って初めて出会ったものが大半だが。

手島の地図には、タングステン鉱採掘跡、銀鉱採掘跡、金銅鉱採掘跡、狼煙台跡、採石場跡なども記載されている。こんな小さな島に、よくぞこれだけと感動を覚えてしまう。

その後、島人と北側の海岸線を巡った時、美しい西浦の浜から浜沿いに北上し、タングステン鉱採掘跡を横目に死城門鼻を回りこむと、なだらかな埋葬の浜がのびていた。その先の小高い丘の上は古代埋葬地で、石棺が剝き出しになっている。だから、下の海岸は埋葬の浜なのかと想像しつつ、歴史の中を巡っているような感慨に打たれたものだった。

超一級の資料『シマダス』

島に関する超一級の資料といえば、日本離島センター刊行の『シマダス』をおいて他にないというのは、島旅愛好家だけならず旅好きなら衆目の一致するところだ。

しかし、残念なことにもうに15年ほど新しい版は出ておらず、古書業界でも稀覯本的な扱いになってしまっている。ただし、この類の資料集としては珍しく何度も版を重ね、隠れたベストセラーになったほどなので、収蔵している図書館は多い。

英語教師をしていたイギリス人女性を殺害して長らく逃亡生活をつづけた市橋達也受刑囚が、高知の図書館で『シマダス』を見つけて、都合のよさそうな潜伏先として選んだのが、久米島の沖の小島（その後無人島になり、また有人島に戻ったという情報もある）

オーハ島だったという逸話は、わりとよく知られた話だ。

もちろん、逃亡犯の利用というのはレアケースで、メディア関係者などにも愛用者は多い。現在、最新版の編集が進んでいるようなので、一日も早い刊行が待たれる。

書店や図書館で手に取りやすい、旅行情報誌やガイドブックは身近な情報源だ。狭い地域や限定された島の詳細な情報を、具体的な紙媒体で手に入れたい場合は、該当地域の観光協会や自治体の観光課（ない場合が大半なので、観光担当部署）に問い合せ、パンフレットや地図、資料を送ってもらうといい。親切に対応して、すぐに送ってくれることが多い。対応が悪い場合は、その地域や島があまり観光客を歓迎していないと受け取って、目的地を変更してもいいかもしれない。

島の祭典「アイランダー」

毎年11月下旬に、東京池袋のサンシャインシティ文化会館で、全国の島々が集まる祭典アイランダーが行われている。2018年は、84ブース（含む島外4団体）が出展し、約200の島が参加。13000人ほどが来場した。

各島々の観光パンフレットや地図、時には文化的な資料などがもらえるだけでなく、ブースにいる島人や関係者から直接情報を得ることができる。また、移住相談や島の産品の販売なども行っているので、幅広い情報収集が可能だ。

来場者は首都圏の人が中心だが、島のビビッドな情報をまとめて収集できる上に、島人の生の声が聞けるとあって、わざわざ全国各地から足を運ぶ人もいるほど。興味を感じたら、今年は出かけてみたらどうだろう。未知なる島との出会いがあるかもしれない。

[3]行きたい時期を絞り込む

目的の島を決めて、その島に関する情報を集めれば、自ずと訪れる時期が浮かび上がってくる。島旅と言うと、日本では夏のイメージが強いが、島は四季折々魅力的な姿を見せて誘ってくる。だから、一度訪れて心奪われた島は、すぐにリピーターとなってしまう。

日本のように四季の変化が大きければ、違う季節の表情を知りたくなるのは当然だし、親しくなった島人も異なる季節の魅力を語ってくれるだろう。

２０１８年は、１年で58島、複数回訪れた島も含めると延べ69島を巡ったが、その中から季節ならではの理由があったところを拾い出してみよう。

〔3月下旬から4月上旬〕にかけて歩いた、**塩飽諸島《しわくしょとう》の本島、牛島、広島、女木島《めぎじま》**（**香川県**）は、桜の花を愛でるため。塩飽から出直して4月上旬から中旬にかけて訪ねた、**尾道の向島《むかいしま》**、**大三島《おおみしま》**（**広島県**）、**馬島《うましま》**、**小島《おしま》**、**来島《くるしま》**、**興居島《ごごしま》**（**愛媛県**）も、花見を予定していたが、終わりかけていてちょいと拍子抜けだった。

〔4月20日〕に泊まった**手島**（**香川県**）は、翌日早朝から行われるお大師参りに参加するため。

〔5月14日〕フェリーとしま2に乗り込んで、一航海で**トカラ列島の有人島全7島**（**鹿児島県**）に上陸したのは、毎年5月に特別ダイヤで運行される通称レントゲン便（健康診断のため各島で2時間ほど滞在）に乗ってみたかったから。10月にも、トカラ全島を走るトカラマラソン便が運航され、同じく一航海で全島に上陸できる。

〔5月中旬〕、トカラ全島を巡った後に**奄美大島**（**鹿児島県**）まで下り、そのまま**喜界島《きかいじま》**（**鹿児島県**）まで足を延ばしたのは、小粒だが味の濃い在来種のそら豆を腹いっぱい食べ

ようと目論んでいたから。

残念なことに、情報収集が甘くてすでにそら豆の季節（3月下旬から4月中旬くらいが旬らしい）は終わっていて、冷凍ものやそら豆味噌などを味見させてもらった。

〔5月末〕に、また**塩飽の広島**（**香川県**）へ出向いたのは、旬を迎えているはずのマダケやハチクのタケノコを惜しげもなく使ったタケノコカレーに挑戦してみたかったから。最近侵入してきたイノシシや、意外に多いタケノコ狩りの人と競合して、処分に困るほどのタケノコは入手できなかったが、それでも所期の目標は達成し、なおかつ美味くできたので満足。

〔6月上旬〕の**礼文島**（**北海道**）は、毎年恒例となっているレブンアツモリソウ詣で。この季節になると、どうしてもレブンアツモリソウのしおらしいながらも華やぎを感じさせる花を拝みたくなるのだ。そのついでといっては罰が当たるが、同時期に最盛期を迎える個性に富んだ高山植物の花々と相まみえるのも、大きな楽しみだ。

〔7月上旬〕、四国屈指の霊気漂う大楠の存在感で有名になりつつある**志々島**《しじま》（**香川県**）へ乗り込んだのは、類まれな巨木を取り囲んで咲き競うウバユリを見るため。満開にはや

や早かったけれど、巨樹と爛漫のウバユリがコラボする他には類を見ない光景に魅せられた。

〔7月上旬から中旬〕、数年ぶりに行った**八重山**（**沖縄県**）で台風の直撃を食らい、久々の半日にわたる停電を経験した、季節の読みが浅かったことを反省。

珍しく〔お盆〕に島巡りをしたのは、**塩飽の広島**（**香川県**）に残る民間信仰山上講の集まりを見学させてもらうためと、白石《しらいし》踊り（３０５ページ参照）を観賞するためだった。

〔9月〕の**神津島**《こうづしま》（**東京都**）は、シュスランの仲間や珍しい腐生植物シャクジョウを見たいという思いが強かった。これについては、２９５ページを参照。

時期を忖度しなかったために、宿をとるのに苦労したのは、10月の**新島**《にいじま》。民間のイベントに自衛隊のミサイル発射訓練が重なる月だ。満員といわれた宿に理由を聞いて思い出したのだが、最初はなぜかこの季節に宿が満杯満杯、という状況にうろたえてしまった。

２０１９年になってからも、〔1月中旬〕の**六島**《むしま》（**岡山県**）はスイセンを楽しむため。〔2月〕の**加計呂麻島**《かけろまじま》（**鹿児島県**）は、真夜中の潮干狩りと新糖狙いであったことは、２２１ページに記した。

とにもかくにも、渡島すべき時期を規定する要因はかくも限りない。自分の趣味興味から島にアプローチして、行くべき季節を決めるのが一番だろう。

なお、ネット情報を参考にしても、別途確認は怠らないよう注意した方がいい。行事やイベントは、年によって変更になることがままある。

２０１４年、元祖島四国というべき**今治大島**（**愛媛県**）の遍路市の開催日が変更になった。

遍路市の基本的なスタイルは、お遍路さんが札所を巡って些少の賽銭を置き、札所ごとに異なるお接待を受けるというもの。手島のお大師参りも遍路市の流れを汲む。

「今年は、開創以来２００年以上の歴史の中で、初めてという大きな変更を行いました」

と、遍路市開催にかかわる島人が教えてくれた。

遍路市の開催日は、開創時から旧暦の3月19日、20日、21日と決まっていた。それを、現役世代や子どもたちも参加しやすいように、新暦4月の第３土曜日を初日とする３日間に変更したのだ。遍路市の伝統を次世代に引き継ぐための、苦渋の決断だったという。

このような変更は、伝統的な行事で特に目立つ。過疎化高齢化のため、参加者の確保や観客の来場が難しい平日を避ける傾向が強まっているからだ。

また、動植物の観察など自然相手のものも注意しなくてはならない。

桜の咲く時期などは「平年」が当てにならなくなってきているのは、ご存知の通り。桜祭りの時には、葉桜しかないなどという珍事も珍しくなくなった。

いい時季に出かけるには、LCCなどの安いチケットや宿は早めに手配しないと確保しずらい。いつまで待って、いつ出かけると判断すればいいのか、悩ましいところだ。

[4]島までの航路を確認

本土からの航路が単一である島は選択の余地がないので、どこの港から船に乗ればいいのか迷うことはない。しかし、同じ島にいくつも港があり、本土の複数の港からアプローチできるケースも多い（第三章の「一島に複数ある定期船の港」（131ページ）参照）。

さらに、空路も開設されていれば、選択肢はますます広がってしまう。

沖縄の離島

例えば、日本最西端の**与那国島**へは**石垣島**と那覇から飛行機が飛んでいるし、石垣島からは週に2回フェリーも通っている。運賃と所要時間、さらに乗り心地（石垣～与那国は名うての船酔い航路）などを勘案し、どうやって島に入るか決めることになる。

沖縄や奄美群島の主な島には空路が開設されていて、船と飛行機のどちらを選ぶか迷うところだ。料金的には、燃油代が高騰してもやはり船便の方が安い。時間的にみると、空路が圧倒的に優位だ。ただ、選択するのにそれ以外の要素もある。

例えば、機上からの眺望の素晴らしさ。遊覧飛行のように、移動するためではなく美しい景観を楽しむために、飛行機に乗ることもある。

だから、沖縄や奄美ではまばゆいサンゴ礁の海に囲まれた島々を鳥瞰するためにも、飛行機を選ぶ価値がある、と考えることもできる。

沖縄の離島空港は、微妙なものが多々ある。**下地島**《しもじしま》の空港は日本でも最大級でありながら、ほとんどパイロットの訓練にしか使われてこなかった。幾たびか定期便が就航したこともあったが、たちまち撤退を繰り返していた。不遇だった下地島の空港へ、2019年春ついに成田からLCCの直行便が就航。夏には、関空と香港からの空路も開設される。また、**粟国島**《あぐにじま》、**伊江島**《いえじま》、**伊是名島**《いぜなじま》の空港（正式には空港でないものも）へも、時たま飛行機が飛んでみたり、すぐに撤退したり。一時は定期便が飛んでいた慶良間空港も、このところは静まり返っているようだ。

現在は、船しか通わない日本最南端の**波照間島**だが、かつては飛行機が飛んでいたこともあるし、船が欠航しがちなこともあり、今後も空の便の復活要請は続くだろう。

石垣島をハブとして放射状に航路が設定されている**八重山群島**にも、**西表島**（**大原**）と**竹富島**や**小浜島**を結ぶ航路がある。そんな航路に気が付けば、もっとダイナミックに動き回ることができるかもしれない。

那覇から400キロ近く離れた**南北大東島**《だいとうじま》の場合は、できたら行きは船で帰路は飛行機を勧めたい。船を使うことで遠さを感じ、緩やかに変容していく風景を味わい、ケージに乗って上陸するという、他では決して味わえない乗り物体験までできる。

やはり、苦労してたどり着いたという体験は、その島の存在感を一段と高めてくれる。

帰り道ものんびりと船でもいいが、帰心が募るようであれば、空からの眺望を楽しみつつ一挙に目的地に直行するということでいいのではないか。

奄美の島々

奄美の島々は、空路の他に鹿児島と那覇を結ぶ航路の船が寄港する。注意すべきは鹿児島から那覇まで行く航路以外に、鹿児島と沖永良部島までの奄美の島々を結ぶ、通称奄美裏航路があること。**喜界島**や**奄美大島**の古仁屋《こにや》、**徳之島**の平土野《へとの》、**沖永良部島**の知名《ちな》に寄港するのは、裏航路だけ。表航路が寄港するのは、**徳之島**の亀徳《かめとく》と**沖永良部島**の和泊《わどまり》だ。

2018年度には、予約者の人数などの条件付きながら、那覇から鹿児島へ向かうフェリーが奄美大島に寄港したのち屋久島に寄港するという社会実験が行われた。ただし、運航している時間帯の関係か、逆の屋久島から奄美大島という便は設定されていない。奄美の世界遺産登録が検討されている中、どんな形で定着するのか、しないのか注目される。

日本最後の秘境といわれる**トカラ列島**も、アプローチの選択肢が増えた。基本的に鹿児島とトカラの島々、名瀬をつないで週2往復している態勢は変わらないが、何年か前から全便が名瀬《なぜ》まで行くようになったのだ。

それまでは、週1便だけ名瀬まで行き、油代を節約するためもう1便は宝島で折り返していた。だから、名瀬が起点だと、最低1週間はトカラに滞在しないといけなかった。それが、トカラの島に2泊して戻ってこれるようになったのだ。

宝島、**小宝島**、**悪石島**など、奄美大島寄りの島は格段に便利になったといえるだろう。成田や関空から奄美へ飛んでいるLCCと組み合わせれば、時間的にも経済的にもずいぶん与しやすくなったのではないか。ただ、トカラ航路は、欠航や抜港、途中でとんぼ返りが日常的なので、それは含んでおいてほしい。

五島列島

五島列島（**小値賀島**《おぢかじま》、**宇久島**《うくじま》など北松の島々も含む）には、かつて小値賀空港と上五島空港（**頭ヶ島**《かしらがしま》）、福江空港（五島つばき空港）と3空港があったが、現在使用されているのは福江空港だけ。長崎と福岡から飛んでいる。大阪直行便はなくなって久しい。

船でのアプローチは長崎か佐世保がメインだが、博多発23時45分発のフェリー太古が使いようによっては便利だ。遠隔地から出かける場合、福岡へ飛び博多で飲んでから船に乗り込んで、あとは眠っていれば目的地まで運んでくれるので、宿泊代の節約もできる。

寄港するのは、**宇久島**、**小値賀島**、**中通島**《なかどおりじま》（**青方**）、**奈留島**《なるしま》で、**福江島**には、朝の8時15分に到着する。宇久島や小値賀島、青方は未明の到着だが、無料の仮眠室が設けられているので安心だ。

対馬

対馬へは、福岡と長崎から飛行機が飛んでいるし、博多港からフェリーとジェットフォイルも就航している。対馬の中心地である城下町の厳原《いづはら》には、フェリーもジェットフォイルも寄港するが、北部の中心比田勝《ひたかつ》には約6時間かけて博多からフェリーで行くか、南部にある空港から延々クルマで北上するしかない。

しかし、パスポートを持っていると状況が変わる。

釜山と比田勝《ひたかつ》を、わずか70分で結ぶ高速船があるからだ。LCCなどを利用して日本から釜山へ飛び、韓国旅行を少し楽しんで帰路に比田勝に立ち寄り、観光しながら対馬を南下して、飛行機か厳原発のジェットフォイルで帰ってくるという手もある。ちなみに、韓国は日本よりも有人島の数が多いといわれており、特に南部は多島海になっているので、上級者向けになるが韓国で島旅を楽しんでから、対馬へというのも面白いのではないか。

隠岐

隠岐も交通事情がとても複雑なので、ていねいに調べないと見落としが生じかねない。まず、隠岐という島はないと、知っておかねばならない。隠岐は、**西ノ島**、**中ノ島**、**知夫里島**《ちぶりじま》の3島からなる本土に近い島前《どうぜん》と島後《どうご》という、2地域4島からなっている。

そして、空港があるのは島後だけ。対岸の出雲空港と大阪から、島後の隠岐空港へ直行便が飛んでいる。また、出雲へは札幌、羽田、名古屋、大阪、福岡から直行便があり、飛行機を乗り継いで隠岐までたどり着ける。島後と島前は船で結ばれているので、島前へ行くために、航空便を使って島後を経由した方が早いというケースも生じる。

対岸の境港と七類《しちるい》から隠岐へ向かうフェリーと高速船が就航しているが、季節によって変動するので日程が決まったら、見落としなきよう確認しなくてはならない。そして、両港の最寄りは米子空港だ。船を利用するのに便利な米子空港に直行便があるのは、羽田だからだけ。出雲空港から両港へ行くとなると、かなり遠回りとなる。

さらに、島前の3島は本土、島後と船便でつながっている上に、3島間には土地鑑がないと分かりにくい複雑な動きをする内航船が走っている。文字でこう書かれているとうんざりしてしまうかもしれないが、推理小説の謎を読み解く感覚で取り組めば、逆に楽しくなってくる。納得できるアクセスルートを見つけた時の達成感は、半端ではない。

大崎上島

小豆島《しょうどしま》のような観光の島ではないが、多島県広島にあって今や最大の橋の架かっていない島となった**大崎上島**《おおさきかみじま》は、立ち位置がなかなかユニークだ。大崎上島を取り囲むように、7つもの航路がある。竹原と垂水《たるみ》、竹原と白水《しろみず》、竹原と大崎上島各港（めばる・一貫目・天満・沖浦・明石）そして大崎下島各港（御手洗・大長）、安芸津《あきつ》と大西、白水と**生野島**と**契島**、今治と宗方（**大三島**）と木江《きのえ》、小長《おちょう》（**大崎下島**）と明石だ。地図を広げて地名を一つずつ拾って確認しながらでないと、読み解くのがなかなか難しいだろう。

大崎上島から竹原へ渡れば、山陽とつながる。

明石から大崎下島の小長へ小さなフェリーで渡って西へと進めば、**大崎下島**、**豊島**、**上蒲刈島**《かみかまがりじま》、**下蒲刈島**《しもかまがりじま》と連なるとびしま海道を経て、呉に至る。宗方へ行ってから船を乗り換え渡ることのできる旧関前村《せきぜんむら》の**岡村島**は、とびしま海道最東端の島。愛媛県の岡村島と広島県の大崎下島をむすぶ橋は、ささやかながら本州と四国をつなぐ、第四の本四架橋と呼んでも間違いではない。

大三島の宗方へ渡れば、しまなみ海道に合流することもできる。そのままフェリーに乗っていれば、四国の今治まで行ってしまう。大崎上島をあたかもハブのようにして張り巡らされた航路をたどれば、変化に富んだ旅程を考えることができるだろう。瀬戸内海最大の未架橋島**小豆島**も、本土や四国と多様な航路でつながっていて同じような存在だ。

神島

太平洋に向けた伊勢湾の出入口であり、渥美半島、知多半島、志摩半島の先端が集中する伊良湖水道に、**神島**《かみしま》が湾口を扼《やく》するようにそびえている。

首都圏方面からだと伊良湖から、関西方面からなら鳥羽から、そして地元名古屋からであれば知多半島の先端からと、都合よく三方から渡ることのできる珍しい島だ。知多半島から神島への直航便はないが、半島先端の師崎《もろざき》や三河湾の**日間賀島**《ひまかじま》、**篠島**《しのじま》を巡る島旅を楽しみ、そこから伊良湖へ渡って乗り継げば神島へ至る。

伊豆諸島

本土から**伊豆諸島**へは、東京竹芝桟橋から東海汽船の大型客船やジェット船が運航しているイメージが強いが、それ以外の変化球航路も存在する。大型客船の横浜大桟橋寄港の他に、ジェット船は久里浜や館山に、稀に江の島の湘南港に寄ることもある。

また、かつては伊豆国に属し伊豆半島から近いだけあって、今も伊豆半島との間に航路が複数存在する。最近元気を取り戻している温泉地熱海と大島の間には、ジェット船が就航している。伊東や稲取と大島をつなぐ航路や熱海と**神津島**の間で、ジェット船が季節運航されることもある。さらに、神新汽船が、下田と**神津島**、**式根島**、**新島**、**利島**をつないでフェリーを運航している。

空路は、羽田と**八丈島**、調布と**大島**、**新島**、**神津島**、**三宅島**の間に開設されている。

また、全国唯一のヘリコミューター便が就航しているのも伊豆諸島で、自然環境が厳しく隔絶性の高い**青ヶ島**、**御蔵島**、**利島**と**主要島**（**八丈島**、**三宅島**、**大島**）を結んでいる。定期航空路でヘリコプターに搭乗できるのは、日本ではこの路線だけ。

3島の中でもとりわけ自然環境が厳しい青ヶ島はヘリコプターを利用する島人が多く、搭乗券はプラチナチケットと化している。しばしば臨時便も運航されるが、需要を満たし切れてはいない。島人も特別扱いされていないそうで、激しい争奪戦が繰り広げられている。最近は、海外からの観光客も増えているので、今後どうなるのか注目される。

[5] 島の玄関口（最寄りの港）までの交通手段を決める

先に、島までの航路を確認し、玄関となる港を決めるよう促したが、実際の作業としては、並行してそこまでの交通手段を考えなくてはならない。

鉄道が大好き、飛行機は苦手など、乗り物はそれぞれ好みがあるので、それがはっきりしているなら迷うことはない。ただ、遠隔地の島に行こうと考え、交通費をできるだけ抑えたければ、まずＬＣＣ（格安航空会社）が利用できるかどうか検討してはどうか。ＬＣＣを利用する島旅については、１２８ページの「ＬＣＣが活用できる島」に詳しい。

その他、ＪＲなどの鉄道やＡＮＡやＪＡＬなどの飛行機、長距離バス、長距離フェリーも選択肢に入ってくるのは、島旅に限らない。

ＬＣＣはなんとなく心配だとか、購入方法が煩雑で分からないという人は、ＬＣＣの台頭に対抗して、航空各社もバリュー（ＡＮＡ）や先得割引（ＪＡＬ）、いま得（スカイマーク）など、さまざまな早期購入割引制度を導入しているので、利用を検討する価値は十分にある。早めに計画を立てて、早々に航空券を購入すれば、交通費を抑制できる。

ぼくは千葉県に住んでいて成田空港を利用しやすいため、成田からＬＣＣが飛んでいない仙台（寒風沢島、３３４ページ参照）や中部（三河湾の島々や鳥羽沖の志摩諸島）へは、ＡＮＡのバリューなどを度々利用している。

ＪＲをはじめとした鉄道にも、いろいろとお得な切符がある。

それほど遠隔地ではない島ならば、「青春18きっぷ」が使いやすい。利用者の年齢制限はなく、最近は若者よりも中高年の方が積極的に使っているようにも感じられる。JR全線（ただし普通列車）5日間乗り放題で、11850円。1日当たり、2370円。片道1200円以上の場所を往復すれば、とりあえず元が取れる。

例えば、名古屋から姫路まで行って家島を散策して戻ってくるような芸当もできる。名古屋—姫路間は、普通（含む特別快速）で片道約4時間で、4750円。往復すると、9500円。新幹線の指定席ならば、9000円強。往復すると、2万円近くになる。体力勝負になるが頑張ればそんな遠隔地でも、2370円で往復できるのだ。

大阪からしまなみ海道の玄関口にあたる尾道までも、約4時間。通常の運賃は、片道4430円だ。乗り物好きであれば、片道4時間程度の列車旅は、それほど苦にならないだろう。残念ながら、首都圏では青春18きっぷの使い出のある島はほとんどない。

ちなみに、5日間有効というのは、設定の期間内（40日間ほど）ならば、連続している必要はない。例えば、3人で1回、残り2日分は1人で使うなど、回数券的な利用も可能だ。もちろん、5人で一緒に旅し1日で使い切っても構わない。ただ、油断していると使い切らないまま残ってしまうこともあるから、早目に利用計画を立てておくこと。

もう少し楽をしたい人には、ＪＲグループ共通の割引制度がある「ジパング倶楽部」のお得感が大きい。対象となるのは、男性は65歳以上、女性は60歳以上。ＪＲ線を営業キロで片道・往復・連続２０１キロ以上利用する場合、全国のＪＲのきっぷが年間20回まで最大30％割引きされるという特典がある。

それ以外にも、ＪＲ各社が割引切符を発売している。東日本は島が少ないので、メリットが大きいのは宮城県の島々巡りくらいだが、ＪＲ東日本で年に3回ほど期間限定で発売する、フリーパス「大人の休日倶楽部パス」はお得感が大きい。ＪＲ東日本全線エリア４日間乗り放題で、１５０００円。他に、東日本と北海道全線乗り放題や北海道全線乗り放題のフリーパスもある。

体力的に自信があれば、夜行長距離バスを利用すると、目的地には早朝到着することが多いので、朝一番から時間を有効に使うことができる。最近はＬＣＣの路線が増え、それに対応するようにＡＮＡやＪＡＬが早期購入割引を充実させているので、夜行長距離バスの割安感が薄れたのは、少し残念だ。

［6］宿を決めて旅程を完成させる

島旅の目的と訪島の時期、どの航路を利用して島に入るか、そして玄関となる港までの交通手段が決まれば、それを組み合わせるだけで旅程は自然に固まってくる。

あとは、宿をどうするかだ。

これまで収集した資料を参考に探すことになるが、注意したいのは一人旅の場合だ。1人では泊めてくれないことも、しばしば。逆に、2人以上と謳っていても、直接電話してみると泊まれることもある。1人のために宿をあけるのは大変だが、すでに他のお客の予約が入っていれば、1人でも受けてくれる。

1人を理由に断られた場合に、力強い味方になってくれるのが、ゲストハウスだ（166ページ参照）。主に一人旅を相手にしているので、グループは断られることもあるほど。ただ、観光協会などに加盟していない場合は、観光パンフレットや協会が作成したサイトに載っていないこともある。

島の場合は季節営業の宿も多いので、観光シーズンではないと思われる時は、注意を要する。逆に、通年営業の宿で冬場だからガラガラだろうと思い込んでいると、痛い目に遭うこともよくある。仕事の人たちが、やってきているのだ。

観光シーズンは宿に遠慮して、観光客がいなくなる時期に長期の工事などを行う業者が多い。宿の方としても、閑散期に長期滞在してくれ、食事にもあまり文句を言わず、手間のかからない仕事関係者は、大歓迎なのだ。大きな港湾工事などがあると、観光客の入り込む余地などなくなる。そうしたら、出直すしかない。

また、観光客が少ないはずの島でも、釣り客で宿が埋まっていることもある。

地元で全国向けの大きなアートフェスティバルやスポーツ大会などのイベントが開催されると、閑散期のはずなのに宿が取れないということになりかねない。当然ながら、イベントは観光客で込み合う季節を避ける傾向にあるので、要注意だ。

ぼくも、春休みが終わった大型連休前の4月半ばに宮古島の宿を予約しようと電話したところ、連日満室（2部屋の宿だが）といわれて愕然として、理由を聞いてみた。

「トライアスロンがあるからよ。終わってからも、残って観光する人がいるさ」

宮古島の場合は選択肢が多いので他の宿を確保できたが、規模の小さい島だと諦めるしかなくなる。実際は行ってしまえばどうにかなるものだが、そこは腹の括り方一つだ。

もしネット環境が整っていれば、宿や交通の予約には大変便利だ。自分はネットが苦手という人は、子どもや孫に依頼する手もあるだろう。ぼくも航空券の予約や購入には、ネットを利用しているが、宿は電話予約することも多い。

先に述べたように、一人旅は受けていない宿でも、電話すればOKのこともあるし、ネットでは満室のはずが、電話をすれば空いているケースは多々ある。また、予約サイトでは1万円〜とか、素泊まりのみになっていても、その他の選択肢がありうるからだ。

ぼくが好む小さくアットホームな宿は、電話で直接話をしてみると、人柄がおおよそ分かり宿の雰囲気も感じ取れる。滅多にないことだが、電話で相性が悪そうな印象を受けた場合は、空室があるかないか確認したかったといって、予約しないこともある。

親しくしている宿主も、ぼくと同じようなことを口にした。電話で直に話すことによって、お客の人となりが分かるので、この人はちょっと嫌だな感じると、部屋が空いていても満室だからといって断るという。

かつて宿があった島でも、宿主の高齢化、観光客の動向の変化などにより、廃業してそれきりのところが多い。宿がない場合は、当たり前だが島に泊まることはできない。

それでもその島に泊まりたい理由があれば、地元の役場に相談してみよう。公民館などで泊めてくれることもある。もちろん素泊まりだし、入浴施設もないと思っておいた方がいい。宿泊施設として作られているわけではないので、雨露がしのげればいいくらいに思って利用させてもらうこと。基本的に有料で、1泊3000円程度だが、場所によって千差万別だ。顔見知りになると、時には無料なら公民館に泊めてあげる、などということもある。宿泊施設としての要件が満たされておらず、料金は取れないということらしい。

アウトドア好きならキャンプ場を利用してもいいが、キャンプが禁止の島もあるので、確認してから出かけた方がいい。ぼくはキャンプはしないが、キャンプの時こそ、何の目的でこの島に来たのか、旗幟を鮮明にしておくといい。知り合いの野宿愛好家の女性によれば、島人たちが放っておいてくれないらしい。食べ物を差し入れてくれたり、時には自宅に泊まるよう勧められることもあるそうだ。まあ、ぼくのようなオッチャンのキャンパーでは、どんな対応になるかは保証できないけれど。

旅程をしっかりと組んだからといって、何が何でもその通りに動く必要はない。現地で新鮮な情報にときめいたら、そちらへ浮気すればいい。それも旅の楽しみ。ひとたび船が欠航すれば、旅程などたちまち粉砕されてしまう。それも旅の面白さ。最近は、以前よりも旅程を詰めて出かけることもあるが、全て予定通りということはまずない。気に入れば長居するし、期待に反して詰まらなかったら、さっさと他へ移る。また、行き当たりばったりの無計画な旅もスリリングで楽しいし、思いがけない出会いもあるが、それについて差し出がましいことは言わず、旅人の自由に任せたい。

最後は旅支度についてだが、日頃自分が旅に出る時に用意するものが、基本となる。できるだけ荷物を軽く小さくしたい方だから、ぼくは持参しようか迷ったものは、本来必要ないものと考えて持たない。特に、ＬＣＣを利用する場合は、無料で持ち込める手荷物の重量にかなり厳しい制限があるので、確認は欠かせない。

ぼくの使っているカメラは、キャノンのコンパクトデジタルカメラ・パワーショットＳ

X60HS。画質は一眼レフに敵わないが、1台で苔や雪の結晶の接写から月のクレーターまで撮影でき、ものぐさな自分には最適だと思っている。

小さな島に行く場合は、日頃服用している薬があれば多めに持参した方がいいだろう。急病や怪我に備えて、健康保険証も必須だ。また、店がない小島も多く、あったとしても品ぞろえが限られているので、愛着のある嗜好品は用意していくといい。

島へ行く途中の船上や島は風が強くなりがちなので、自分に合わせた風対策もしておくとよい。小さな島は外灯も少ないので、小型で強力な懐中電灯があると便利だ。

《「準備編」のポイント》

① 目的地となる島を決める。

▼

② 島に関する資料を収集。

▼

③ 行きたい時期を絞り込む。

▼

④ 島までの航路を確認。

▼

⑤ 島の玄関口（最寄の港）までの交通手段を決める。

▼

⑥ 宿を決めて旅程を完成させる。

2. 島歩き編

[1]現地で再度情報収集

出かける前に情報収集していっても、完璧ということはあり得ない。だからこそ、現地でいろいろな発見があって面白い。空港や駅、港などに、観光案内や地元のイベント紹介のパンフレットなどがおいてあったら、ざっと目を通すとこれまで網にかかってこなかった情報と出会うことがある。心惹かれれば、すぐに旅程を微修正だ。

観光案内所などがあれば、目的地の島で何か新しい動きがないか聞いてみるのもいい。最近注目されるようになった観光ポイント、新しいカフェやゲストハウス。電動アシスト自転車や電気自動車が導入された、足湯が開設された、ちょうどこんなイベントが開催されている、などという情報もあるかもしれない。

季節によっては花や紅葉の見どころを聞いてもいいし、おいしい店を教えてもらってもいい。観光協会の人は特定の店を推薦しづらい立場なので、もし困っているようならば、「親しい友人が来た時、連れて行くとしたらどの店ですか」などとややひねった聞き方をすると、それならばと教えてくれることもある。

島の側に観光案内所があれば、同じように直接聞くとよい。

時間に余裕があれば、図書館の郷土関連書籍のコーナーで情報収集するといい（137ページ参照）。丸亀市中央図書館のように開架になっていないところもあるが、受付でこんな本を閲覧したいと依頼すれば探してくれる。

地元の書店で、ローカルなガイドブックを探してみてはどうだろう。

自分の後ろにお客が並んでいなければ、乗船券売り場で島情報を収集してもいい。その時、船の時刻表をもらっておくと便利だ。定期船に乗っている時、運よく話好きの船員に遭遇できたら、教えてもらうのも一つの手だ。話好きの人は、情報量も多い。

よそ者に興味を持った乗船客が、どこから何しに来たかなどと、話しかけてくることがある。そういう人は、観光客ではなくでほぼ島人だ。もちろん話好きで、島の情報に通じている。ていねいに対応して、いろいろと教えを乞うと、喜んで情報提供してくれる。

地図や地図がのったパンフレットのない島も多いので、到着した港にもし島の案内図や地図があれば、とりあえずスマホやデジカメで撮っておくなり、旅のメモ帳に書き写しておくといい。道に迷って時、参考になる。国土地理院の地図を持参しているならば、観光ポイントの場所などを照合しておいてもいいだろう。

島の交通は港（あるいは空港）が起点になっていることが多いので、路線バスやタクシーの乗り場、レンタカー・レンタサイクル・レンタバイクの場所など、自分に必要な情報を確認するとよい。路線バスが運行している場合は、船便に接続しているケースがあるので、バスを使う予定ならば、まずバス停とバスの出発時刻を確認すること。あまりのんびり他の情報を収集していると、乗り遅れかねない。

また、宿が送迎をしてくれない場合は、早々に宿の場所を確認して、荷物を預かってもらうと、島内観光するにも楽だ。さらに、宿は重要な情報源なので、荷物を預けつつお勧めの見どころや店などを確認するといい。宿によっては、自転車くらいならば無料で貸してくれる。レンタカーがない島では、宿でクルマを貸してくれることも多いので、予め確認しておくといい。基本的には有料だが、無料（ガソリンは使った分を補塡）で貸してくれる宿もある。バイクについても同じだ。

観光する前に、できたら商店や食堂の場所も確認しておきたい。小さな島の場合、食堂や商店があるだけでありがたいのだが、営業時間が極端に短かったり、看板がなかったりということもあるので、要注意。食堂ならばどんなメニューがあるか、商店では何を買うことができるかの確認も大切だ。

島に観光案内所があるケースは少ないので、島で出会った第一島人、第二島人は、貴重な情報提供者となる。特に、小島では家の中に人がいる気配があっても、道で会うことは少ない。出会ったら幸運と考えて、積極的にアプローチしたい。

ある程度大きな島ならば、役場や役場の支所、交番、学校、商店、図書館、資料館など、島外の第三者が立ち入っても不自然でない場所が、情報収集場所として狙い目。もちろん、本来の業務の邪魔にならない範囲で、しかも先方が話好きであればだが。

過疎化によって、島から撤退する交番も増えているようだが、島の交番は都会以上に地域密着型なので、気さくな警察官も多い。気が向いたら、声をかけてみてもいい。

小さな島の学校を訪ねて、島や学校の現状を聞くと親切に教えてくれる先生が多い。小規模校は、児童生徒より教員の方が多いこともある。また、先生たちはほとんどがよそ者であり、島に対する視線は客観的で旅人に近いから、そういう意味でも参考になる。

ぼくがよく立ち寄るのは、郵便局だ。都会のように順番待ちをしていることはまずないし、郵便局員もほとんどがおっとりしている。地元の人たちと密に接する機会が多く、誰もが地域事情に精通している。かつての特定郵便局は、明治初期に郵便制度が導入される際、政府に協力して郵便局を引き受けた土地の名家や有力者が大半を占め、その流れを汲む郵便局長は今でも土地の名士であり、島の歴史や文化に詳しい。まるで、学者と話しているような錯覚にとらわれるほど知識量に富む人もいる。

郵便局に立ち寄った時は、気が向くと旅のメモ帳や島の地図に62円切手を貼って、押印してもらうことがある。

「風景印もありますよ」

「いえいえ、通常のヤツでお願いします」

なんて会話が糸口になって、島の現状を聞かせてもらう。

ぼくはせいぜい気まぐれに消印（大昔は貯金もしていたが）をもらうくらいだが、筋金入りの郵ちゃんたちは、風景印、貯金、郵便小為替と、一通りこなすらしい。

就航したばかりのフェリーとしま2で、2018年5月にトカラ各島を巡った時、トカラ（十島村）に1年足らずで4局もできた新しい郵便局を攻める郵ちゃんたちと一緒になった。狭い郵便局内は、短い停泊時間内にさまざまなミッションを遂行しなければならない郵ちゃんたちで殺気立ち、とても素人のぼくが近寄れる雰囲気ではなかった。

図書館については先に述べた通りだが、資料館も名前の通り多くの資料があり、展示物に秘められたものを読み取ることができさえすれば、情報の宝庫だ。

竹富島では展示されていた写真から、島で独特の醬油が作られていることを知り、見学というより結果的には取材させてもらった。伊豆大島でも、かつては各集落に1ヶ所は存在したという油小屋（自家用の椿油を搾る施設）の写真を見かけて、せめて遺構だけでも見ることができたらと資料館の人に問うたら、まだ現役と聞き駆け付けたこともある。

何に興味や楽しさを感じるかは、人それぞれ。いずれにしても、島旅を充実させるためには、自分に都合のいい情報をいかに引き寄せるかにかかっている。

［2］島歩きの心得

島を歩く時は、いつも人様の庭先にお邪魔させていただいているという意識が必要だ。小さな島の場合は、島全体が「島人たち」という大家族の庭のようなものなので、特に配慮しなくてはならない。人と会った時、ぼくは「こんにちは、お邪魔してます」と声をかけるようにしている。相手のノリがよかったら、まず自己紹介する。といっても、唐突に住所や名前を告げるのではなく、何のために島に来たのかさりげなく伝える。

例えば、島が好きで全国の島を巡っているとか、写真撮影が趣味で今回はこの島にやってきたとか。やはり見知らぬよそ者は警戒されるので、先方が納得できるような訪島の理由を告げれば安心してくれる。そんな、自己紹介。観光性の低い島では、なおさらだ。

向こうが「どこから来たの」などと興味を示してくれたら、しめたものだ。

ぼくは千葉県に住んでいるのだが、けっこう千葉に反応してくれる島人が多い。本人がそうだったり、親戚・友人・知人の誰かが、京葉工業地帯の会社へ就職していたり、そこで働いでいたが帰郷したというケースも多々ある。経済の高度成長期に大都市圏や工業地帯が、島（や地方）からいかに多くの働き手を吸い上げたか、改めて実感される。

地面にしゃがんで農作業している時などは、一緒にそばにしゃがみ込んで話を聞くようにしている。こちらに悪気がなくても、上から見下ろされながら話をするのは気分がよくないだろう。同じ目の高さで話した方が、親しみを感じてもらえるのではないか。

オジィさんに多いのが、人の姿に気づいた途端すっと路地に入ってしまったり、大きな声で挨拶しても完全に無視したりというケース。仮に耳は遠くとも、一人で歩いているので目は見えているはず。ということは、こちらの存在に気づいていると思うのだが、なぜなのだろ。というか、そういう反応はよくあるので、気にしない方がいい。

対照的に、挨拶に積極的に応えてくれるオジィさんは、なべて話好きだ。ただ、会話を楽しむというよりは、自分が話したいことを一方的にまくしたてることもしばしば。それがこちらが聞きたい島の話なら好都合だが、土地鑑や島の常識がないと理解できない場合は困惑する。でも、せっかくの島話を聞けるチャンスなので、無駄にしたくない。

相手の話の腰をボキリと折らないよう注意しつつ、適当に合いの手を打ちながら自分が求める話題に誘導する。必ずしもうまくいくとは限らないが、試す価値はある。

女性（ほぼオバァちゃん）は、総じておしゃべり好きな人が多いし、変化の少ない島の暮らしに多分退屈しているから、進んでよそ者の相手をしてくれることが多い。

宮崎県の島野浦島を2回目に訪ねた時、サバやイワシやメジカで雑節を作っている加工場をのぞいたところ、向こうで気づき招じ入れてくれた。雑節づくりを見学しながら、オバちゃんたちと話した内容は、すぐに島中に知れ渡ったようで、2時間後に郵便局を訪ねると、こちらから話しかける前に窓口の局員から言われた。

「千葉からきた人でしょう。以前きた時は、夕方着いて島に泊まっただけで帰ったので、今回はゆっくり歩くために来たんだってね」

はぁ、その通りです……。

一応、最初に語ったような自己紹介を済ませていても、島人はよそ者の行動には注意を払っている。途中誰にも会っていないはずなのに、宿に帰ってからあそこの細い道を入っていったんだって、畑しかなかったでしょ、などを言われることは年がら年中だ。

だからという訳ではないが、どこにでも人の目はあると思って行動した方がいい。例えば、沖縄には立入禁止の聖地があるが、入口に人がいることはまずない。だからといってこっそり入る（人の目の有無の問題ではないが）のは、やめましょう。

日帰り島旅のススメ

ちょっと島へ行ってみたいけれど、宿泊が伴うのは敷居が高いと感じるなら、日帰りでも島旅気分は十分に味わえる。できたら、橋の架かっていない方がいい。船で海を渡り、見知らぬ空間へ降り立つという一連の儀式が、旅心を否が応でも掻き立ててくれるから。

1時間も船に乗れば大旅行だが、10分でも20分でも、けっこうな船旅気分を味わえる。甲板に出ることができる船なら船室にこもらず、外で海風に吹かれたり、移ろいゆく風景や雲、陽光などを眺めていれば、遠い異界に誘われているように感じるだろう。

仙台周辺なら、松島湾の4つの有人島（**寒風沢島**、**桂島**《かつらしま》、**野々島**《ののしま》、**朴島**《ほおじま》）と数多くの無人島や岩礁からなる**浦戸諸島**《うらとしょとう》。松島湾の遊覧船が巡る海域にある島々だ。

首都圏はあまり手近な島に恵まれていないが、東京湾唯一の自然島**猿島**《さるしま》、熱海の沖に浮かぶ**初島**《はつしま》。架橋島も含めれば、**江の島**や**城ヶ島**も候補に挙がる。

コストパフォーマンスを考えると日帰りはもったいないけれど、ジェット船が就航している**伊豆諸島の島々**（**大島**、**利島**、**新島**、**式根島**、**神津島**）も、日帰り圏内に入る。

毛色の変わったところでは、房総半島鴨川のすぐ目の前にある個人所有の**仁右衛門島**《にえもんじま》。代々名前を受け継いできた平野仁右衛門さんが島主で、一家が唯一の住人だ。300年ほど前に建て直された屋敷の奥庭には、樹齢600年といわれる蘇鉄《そてつ》もある。

対岸から島へは、二丁艪の小船で渡る。わずか5分ほどのささやかな船旅だが、艪漕ぎの和船が俄かに旅情を盛りあげてくれ、小舟に揺られるだけでも楽しい。

東海圏なら、三河湾の**佐久島**《さくしま》、**篠島**、**日間賀島**。また、鳥羽沖に点在する志摩諸島の**神島**、**答志島**《とうしじま》、**菅島**《すがしま》、**坂手島**《さかてじま》などが手近だ。

ちょっと目先を変えて、琵琶湖の**竹生島**《ちくぶしま》、**多景島**《たけいしま》、あるいは日本で唯一の湖に浮かぶ有人島の**沖島**《おきしま》などに出かけてもいい。

瀬戸内海の島は、ほとんどが日帰りできる。

福岡周辺ならば、猫島として注目を集める相島《あいのしま》や世界遺産の構成資産がある宗像大島《むなかたおおしま》、福岡市西区に属しながら絶海の孤島の気分を味わえる小呂島《おろのしま》、散歩気分で気軽に訪ねられる能古島《のこのしま》、震災から見事に復活した玄界島《げんかいじま》など、個性豊かな島々がそろっている。

最後に、奇を衒ったオマケを一つ。

それは、日帰りじゃないよと言われたらゴメンナサイだが、島での宿泊が伴わないという意味では、とてもディープな0泊2日御蔵島旅も可能だ。

東京竹芝桟橋を22時30分に出航した東海汽船の船は、早朝5時55分御蔵島に到着する。そして、八丈島で折り返してきた上り便は、12時40分に御蔵島を離れる。

その間、6時間以上の滞在時間がある。

イルカや海が好きなら、午前中のドルフィンスイムツアーに参加可能。

森や山に興味があれば、ガイドを頼んで最近まで日本一だったスダジイの巨樹（193ページ参照）を見に行ったり、しま山100選の長滝山や島の奥深くに眠る御代ヶ池《みよがいけ》を訪ねてもいい。全部は無理だが、どこか一ヶ所なら無理なく行くことができる。

斜面に家々が立ち並ぶ集落で、玉石を敷き詰めた旧道や充実した鎮守の森がある神社、

御蔵島の長滝山からオオシマツツジ越しに三宅島を望む

花が絶えない墓地などを巡ってもいいが、御蔵島までいってそれだけではもったいない。ぜひとも、森かイルカに挑戦を。でも、やはり1泊はしたい。
ただ、こんな島旅も可能なことは、可能です。

3. 思い出整理編

[1]文字による記録

旅のお供として30年以上愛用しているのが、コクヨのキャンパスノート(A6判)だ。これに、旅日記をつけるように心がけているが、夜はついつい飲んでしまうので、特に印象に残ったことをメモ書きしてごまかすことも多い。

さすがに執筆を前提にした取材の場合は、できる限り詳細なメモを残すようにしているけれど。それも、年とともにだんだん億劫になって、さぼり気味というのが情けない。

使った金額や、食べたものなどは、旅日記とは別なページを設けて、そこに記すようにしている。清算する時や、食べ物に絞った記事を書く時に便利だからだ。

また、写真を撮りそこなったものや、うまく写せそうにないもの、そして撮影禁止の対象などは、メモ帳に簡単な絵を描いて残すこともある。

とはいうものの、視覚的な記録はかなりの部分が写真を撮ることで代行できる。

しかし、口にしたものの味わいや耳をなでる音色やさえずり、せせらぎ、鼻をくすぐる香りや鼻が曲がりそうな悪臭、あるいは風の肌触りやお湯の感触、泉の水の冷たさ、サンゴ礁の海水の生ぬるさなどは、強く印象付けられたもの以外は、意外と忘れやすい。記憶が新たなうちに、メモしておくと文章を書く時に役立つことが多々ある。

メモ帳本来の使い方ではないが、表紙の裏側の余白に切手を貼り、旅先の郵便局で消印を押してもらうこともある。ただし、気が向いたらという程度で、それにこだわって郵便局巡りをしているわけではない。多少こだわっているといえば、風景印ではなく、あくまで通常切手に普通印を押してもらうことくらいか。たまたま手元にメモ帳がなく地図などを持参している場合は、その余白に切手を貼って捺印ということもある。

ライターという職業柄、記事を書く時はメモ帳から文章や情報を切り出したり、その他の資料をまとめて、仕上げていく。

特に台湾で流行っていると聞いたことがあるのは、しっかりしたきれいなノートなどに文章を書き、そこに旅先の思い出となる、切符や入場券、パンフレット、駅弁の懸け紙からマッチ箱（最近少なくなった）、荷札、ステッカー、レシート、メニューなどをびっしりと貼り詰め、世界に1冊の旅行記兼思い出ノートを作ること。

それも素敵だと思うけれど、毎週のようにどこかへ出かけ、その間に原稿を書いているぼくのような者には、そこまで手が回らない。

スマホやタブレットなどを縦横無尽に使いこなす同い年の友人は、膨大な旅日記をネット上に投稿しているが、いつそんな暇があるのか不思議なほどだ。

いつどこへ行って何をしたのかすぐに分かるよう、旅が終わってからジャンル別の台帳を作っている。といっても、パソコン上に宿泊（年月日、場所、宿名、簡単なコメント）や航路（年月日、乗船区間と寄港地）、搭乗（年月日、区間、航空会社、便名、機種、発着時刻、座席）、温泉（年月日、温泉名、初めてかどうか）、珍しい味（年月日、珍しさの中身、味わった場所）、そして、島巡り（年月日、島名、訪島回数）など、いくつかのリストを作り、情報を流し込んでいくだけだが。

温泉であれば、泉質や温度、効能なども記せばいいのだが、あまり細かなことまで書こうとすると後回しになりがち。次の旅立ちまでに、済ませるのが最優先だ。

以前は、もっといろいろなジャンルのリストを作っていたが、最近はこの程度。

島巡りのリストに限っては、大学ノートに手書きもしている。島の順番は、日本の島のバイブル『シマダス』に準じているので対照しやすいし、1冊にまとめてあるから一覧するにも便利だ。島に滞在した年月日、何回目の訪島かだけ記している。パソコン上のリストに訪島回数（今回は何回目か）を記入するに際しては、必需品となっている。

［2］写真による記録

フィルムの写真だった頃は、ネガもポジも単純に時系列的に並べて（重ねて）保管し、前記のリストと対照して探し出していた。また、紙焼き写真は大きな多ポケット式のアルバムに、やはり時系列に沿って入れていた。写真の説明書きについては、毎回書き込もうと思いながら、量が膨大でとても追いつけず、よほどのことがない限り、そのままになっている。ただし、アルバムの背には、何年何月どこに行ったかを列記して、さらに時系列的に並べるようにしているので、自分にとっては比較的探しやすい。

コンパクトデジタルカメラを愛用するようになってからは、パソコンに取り込んだ後、1日ごとのファイルを作り、泊りがけの場合はさらに「2019年1月・前島、黄島・黒島」などというファイルを作り、そこに1日単位のファイルを収納する。

フィルム時代もかなりの写真を撮っていたが、デジカメになってからその量は飛躍的に増大。同じものを微妙に違うアングルやフレーム、露出などで撮っているためなので、必要な写真だけを残してどんどん捨てていけばいいのだが、手が回らないのが実情だ。

撮影対象は、気になったあらゆるもの。

もちろん心の琴線に触れる風景は、欠かせない。

人物撮影に関しては、あまりに書くことが多くなるので、ここでは触れない。

ただ、最低限の礼儀を守らねばならないのは、当然のことだ。

旅の思い出を整理する時、ぼくの場合は原稿を書く際だが、意外に役に立つのは、港にある地図の案内板や文化財や神社仏閣などの説明板。土産物屋や鮮魚店、八百屋などに並ぶ商品、それから注意される可能性があるが、地元スーパーの地物売り場。

食べたものは、もちろんだ。宿でも食堂でも、立ち食いでも、パシャッ。あまりなじみのないものは、名前や味を忘れがちなので、撮影した上ですぐにメモ帳に記す。

船やバスなどの乗り物も、とりあえず抑えておくことが多い。コミュニティーバスの場合は、併せて時刻表を撮影する。老人がよく使っている手押し車（ぼくはお達車と呼んでいる）なども、実にバラエティーに富み、個性が反映されていて面白い。

やはり、アレッと気になったら、とりあえず撮ってしまうのがいいのではないか。

［3］思い出の品、お土産など

最近は、ほとんどお土産を買っていない。話は少しそれるが、海外旅行から帰ってきた時は、大体トップで通関している。お土産を、まったく買ってこないからだ。

海外の話はおくとして、このところ買ってくるお土産は、その土地ならではの食品が大半だ。例えば、加計呂麻島のもち糖やきび酢、喜界島の在来種のゴマ。利尻島や礼文島では、利尻昆布とか仏の耳（アカバギンナンソウ）。瀬戸内海のミカンどころでは、安政柑《あんせいかん》や弓削瓢柑《ゆげひょうかん》。大島や新島、八丈島では、くさや。八丈島のねり（独特のオクラ）やかぶつ（島のダイダイ）。与路島《よろしま》のベッラ（ソテツの幹からとる澱粉）とナリ（ソテツの身からとる澱粉）。奥武島《おうじま》から、ゆでたマガキガイ（加計呂麻ではテラダ）を持ち帰ったこともある。食べ物のいいところは、舌の記憶として刻まれても、モノとして残らないこと。

ペナントやキーホルダー、土鈴、提灯、ぬいぐるみ、人形などのような、形として残るものは、元々あまり買ってこなかった。

よく土産にしたのは、まさにその土地で産する石ころや貝殻など。もう何十年と愛用している箸置きは、佐久島の海岸で拾ったもの。礼文島のメノウ、硫黄島のうずら石、神津島や姫島や島後の黒曜石、伊豆大島や福江島の小さな火山弾、広島のイイダコ用の蛸壺、見島《みしま》のマイクロ・モラスカ（超微小貝）、悪石島の硫黄とハチジョウダカラ、南大東島のレインボーストーン、竹富島のクサビライイシ、沖ノ鳥島の石ころもあったな。

学生時代どっぷりとはまっていた西表島の思い出の品は、ことさら多い。

鈴石、スイジガイ、クモガイ、マガキガイ、リュウキュウイノシシの頭蓋骨、鍾乳石、石炭のかけら、モダマ、星砂などなど。当時はせっせと拾い集めていたものだ。

どれも、飾り棚に放り込んだまま埋もれている。日の目を見るのは、今回のように記事を書くため確認する場合やコレクションを見せていない友人が来た時くらい。

最後に、場所をとって邪魔になると家族に嫌がられながらもついつい買ってきてしまうのが、地元市町村が出している「郷土誌」や「郷土史」の類だ。たぶん、100冊は超えているのではないか。目を通していないものが大半だが、じっくり読むと知らない世界や歴史が眼前に立ち上がってきて、下手な小説よりはるかに面白く、興味深い。

コラム❸

同じ港に乗船場が多数で混乱

土地鑑がないと、同じ名前で呼ばれている港は乗船場が一ヶ所だと思いがちだが、そうは簡単にいかない。一つの港からたくさんの航路が出ている場合は、いくつもの乗船場が設置されている。もちろん、異なった目的地に行く船の乗船場は、地元ではきちんと呼び分けて、混乱が生じないようになっている。

同じ港でも、目的地によって乗船場が異なりがちだと、覚えておいてほしい。出航時刻ギリギリに港に滑り込み、なんとか乗船できそうだと思ったら、目的の船は遠くに停泊していたなどということになりかねない。

例えば、実質的に日本最大の国内航路乗降客数を誇る（1位は厳島港）鹿児島港は、区域が南北20キロに及び、北から本港区（繁華街に一番近い地域）、新港区、鴨池港区、中央港区、谷山一区、谷山二区、浜平川区の7港区からなっている。

旅行者とかかわりが深いのは主に本港だが、奄美群島を経由して沖縄まで行く通称奄美表航路は新港の奄美・沖縄フェリーターミナルから、また対岸の大隅半島垂水へ行く船は鴨池港から出ている。間違って本港に行ってしまうと、新港や鴨池港はかなり離れているので大変なことになる。

旅行者の大半が利用する本港も、一番北の桜島フェリーターミナルから、南端の種子・屋久高速船旅客ターミナルまで1キロほど離れ、その間に北埠頭と南埠頭が錦江湾に突き出していて、乗船場が4ヶ所ある。

北埠頭旅客ターミナルから出航するのは、通称奄美裏航路（喜界島に寄港し、徳之島か沖永良部島止まり）のフェリーだ。南埠頭旅客ターミナルからは種子・屋久方面へ向かうフェリーが出る。前述したように、種子・屋久行き高速船は専用ターミナルから就航となるので、注意を要する。

また、南埠頭にはフェリーとしま旅客待合所と、フェリーみしま旅客待合所もある。離島の中でも秘境度がとりわけ高いトカラ列島と三島村へ向かう船を見るだけでも、旅心が激しく掻き立てられる。

その南側が、2007年に完成した種子・屋久高速船旅客ターミナルだ。

ちなみに、桜島港は乗降客数が全国3位で、対岸の鹿児島港の乗降客数上積みにも寄与していると思われる。また、4位は高松港、5位は石垣港だ。

世界でも屈指の多島海瀬戸内海へ向かう東の玄関口高松港は、旅行者でも利用しやすく整備されているが、乗り場が4ヶ所あり同航路で同じ港へ向かう船でも、フェリーと高速船では乗り場が異なったりするので間違えないように。

3番乗り場からは、ハンセン病（もう患者はいない）の国立療養所大島青松園がある大島へ行く、日本唯一の国営航路も出ている。また、小豆島経由神戸行きのジャンボフェリーは、駅前の桟橋から2キロほど離れた高松東港からの出航となる。

石垣港もバスセンターから至近の離島桟橋が整備され、ずいぶん使いやすくなった。ただ、何社も競合している路線があり、同じ島へ行くにも乗り場が異なる。チケットを入手する時、係員が乗り場を念押しするので、忘れないでほしい。また、与那国島へ行くフェリーは、離島桟橋からかなり離れた別の場所になるので、予め確認しておきたい。

コラム❹

欠航、結構、でも、もう結構

島旅、船旅に、欠航はつきもの。

もっと言えば、旅にも、交通機関にも欠航はつきものだ。

欠航しないに越したことはないが、あまり気にし過ぎない方がいい。

できたら、開き直って欠航を楽しめるくらいになったら、怖いものはない。

「さすがに、欠航になったりしないんですね」

ぼくの乗る船は、まず欠航しないと思い込んでいる人から、そう言われることがある。

欠航に遭ったことや、欠航に対処したドタバタをあまり語っていないからか。

島旅と欠航や抜港（寄港予定地に寄らずに通り過ぎること）はセットなので、いちいち気にしないだけ。気にしても、事態が好転することなどない。

欠航に関して一番大切なのは、情報をできるだけ早く察知して、即座に対応すること。

早目に欠航が分かれば、島旅自体を中止するか延期すればいい。早目に欠航の告知があれば、他の交通機関や宿のキャンセル料が免除されることも多い。

台風などの接近で怪しいなと感じたら、速やかに情報を収集して対処すべきだ。

昨年の7月下旬、瀬戸内海のある島へ行く予定だった。

ところが、西日本を襲った未曽有の豪雨のため、目的の島でも各所で崖崩れが起き、対岸の町まで行くJRも寸断しているというので、訪島を先延ばしにした。

航空券はすぐにキャンセルしたのだが、宿の方は頭からスッポリと抜け落ち、予約当日の夜に宿から到着時刻の問合せを受け、解約漏れが発覚。宿泊代と夕食代を、後日振り込む羽目に陥った。こちらのミスだから仕方ないが、間抜けだった。

2017年の春先には、ややこしい欠航を体験した。八丈島と青ヶ島を結んで就航している定期船が新しくなったので乗ってみようと、当日の朝に羽田で青ヶ島丸出航を確認してから、飛行機で八丈島へ飛び、タクシーで底土港へ駆けつけた。

初めて青ヶ島に渡った頃の小屋のように貧弱な連絡船と比べると、新造船の青ヶ島丸はまるでビルディングのようにそびえていた。

乗り心地も良さそうだとほくそ笑みながら、船着き場前の乗船券の窓口へ行った。

「青ヶ島まで、1名です」

「民宿は予約してますか」

「もちろん（当然でしょ！）」

宿の予約がないと、乗船券を売ってくれないのだ。

ところが、予想外の一言が追い打ちをかけてきた。

「次に船が出るのは金曜日ですが、大丈夫ですか」

え〜っ、大丈夫な訳ないじゃん。それってもう決定なのと聞き返すと、そうだと言う。

役場のサイトには今週の予定として、月・火・水・金が就航日とあった。明日火曜日は荒れそうなので、欠航は覚悟していたが、水か水が欠航したら木は動かしてくれるだろうと思っていたのに、なんてこった。

重ねて聞くと、金曜まで船が出ないのは決定事項だと言う。島へ渡る方は気にしていたが、帰ってくる方は何とかなると油断していた。困ったことだが交渉の余地はない。

一応、ヘリコミューターの空き状況（年中満席）を当たったが、ずっと電話中。八丈富士は2合目まで雲がかぶって、今にも雨が降ってきそうで、八丈島に残っても宿で雨宿りするばかり。思い切って八丈日帰りを決心し、飛行機の便を変更するのに必要なので、欠航証明を求めた。

「当日にならないと、発行できません」

「だって、もう決定なんでしょ」

「規則ですから」

4日も前に欠航を決定するのは、規則でありなのか。そこを突いても時間の無駄。欠航証明はついに出てこなかったが、何とか当日羽田に帰着できた。

乗船券の窓口以降は、もっとややこしく長くなるので割愛する。

もちろん、こんな程度のトラブルでめげていては青ヶ島なんて行ってていられない。なによりも、手ごわい青ヶ島で日常生活を送る人が、百数十人いるのだから。さらに10月と11月に挑戦し、同年3回目で青ヶ島丸に初乗りし久々の青ヶ島も楽しんできた。

2018年、旅程の変更を余儀なくされた欠航を、思いつくまま並べてみよう。

特に自然災害の多い年だったし、ぼく自体よく動き回ったから、これだけ欠航とバトルを繰り広げたが、最初に書いたようにあまり気にしすぎないようにしてほしい。

付け加えておくと、ぼくは決して雨男ではありません。どちらかといえば、晴れ男。

6月、乗船予定の利尻―稚内便が欠航して、羽幌まで行けずに幌延に宿泊。早朝のバスで羽幌に駆け込み、どうにか予定していた焼尻便に乗船することができた。

7月、台風で八重山周辺はすべて欠航。数年ぶりの八重山だったので、幾つかの島を巡るつもりが、西表の定宿に島抜けできなくなるかもと忠告され、6日間の旅で訪れた離島は竹富島だけ。残りは、石垣島で台風三昧の日々。夜から朝にかけ半日間の停電体験をして、カップ麺や弁当、パン、おにぎりが売り場から完全に消滅したコンビニをはしごするなど、強烈な台風の直撃体験を堪能した。

7月、西日本豪雨の影響で下旬に予定していた瀬戸内の島を断念。

7月、姫路で史上初めて東から来た台風の直撃を食う。翌朝、長島愛生園の歴史館（資料館）を訪ねたところ、台風の強風対策で閉館が決定済みだった。空は青々と晴れ渡り風もすっかり弱くなっていたのに、残念。

8月、トカラ列島の悪石島へ行くボゼツアーが中止。参加予定ではなかったが、台風のため毎年のようにツアーは中止になるので、ボゼが嫌がっているのではと思った次第。ツアーの有無と関係なしに、旧7月16日には悪石島に来訪神のボゼが出現する。

10月、立て続けにきた大きな台風のため、獅子島とトカラ3島、奄美大島と南下する予定だった旅程はぐじゃぐじゃ。まず、予定当日の獅子島便は3航路とも全便欠航。仕方なく獅子島は次回にまわし、トカラ便が予定通り就航することを祈っていたら、早目に台風が通り過ぎて出航決定。ただし、条件がついた。本来なら奄美大島の名瀬まで下るが、次の台風が迫ってきたので、宝島折り返しだと言う。よくあることだが、台風はまだ台湾の向こうなのに……。その次の便は、欠航間違いなし。一瞬迷ったが、日中丸1日滞在できるので、口之島で早朝下船し夕方の便で鹿児島に戻るよう変更。そして、急遽また獅子島へ行くことにした。

航空券の変更や手配、宿の手配と解約、会う約束だった島の友人への連絡などで大わらわだったが、欠航に関わる副次的な話なので詳述はしない。

あまり脅してもいけないし、島旅初心者に縁はないが、冬の日本海は要注意だ。

その時は覚悟して行ったので問題なかったが、入れ込んでいた礼文島の冬景色を見たくて、40年ほど前に挑戦したことがある。若いアーティストがやっていた稚内の素泊まり宿で毎晩明け方まで飲み、船会社に電話して「今日も欠航」を確認すること3回。4日目にやっと船が出た。欠航が続いたので、定期船は地元の人で満杯だった。

もちろん。船は木の葉のように揺れて、船室はすぐに嗚咽と異臭で満たされ、さらに船酔いを誘発した。礼文島に着いてすぐに下船したのは、ぼくを含めて3人だけ。数分経って、奴隷船から這い出してきたような人たちが、とぼとぼとタラップを下りはじめた。

印象的だったのは、完全にグロッキーになり、両脇を僚友に支えられ大きな砂袋のように抱え下された、若き自衛官。日ごろ鍛えていても、船はまた別だと再認識。

当然のように礼文島でも欠航が続き、3日目に稚内へ戻ることができた。冬の礼文島を体験するためだけに、1週間費やしたことになる。今は船が大きくなり性能もアップしたので、こんなに欠航が続くことはないらしいが。

その一方、相変わらず冬は厳しいなと嘆息したのが、2018年の暮れから正月にかけて、半月ほど欠航が続いた飛島航路。1月7日（月）、酒田市がこんな告知をした。

――海上荒天のため年末から1月7日まで13日連続の欠航となっており、8日昼前から再び荒天となる予報となっています。このため、次の日程で臨時便を設定します。

午前5時…………出欠航判断

午前6時…………酒田港出航

午前7時15分……飛島勝浦港着↓荷役作業終了次第出航

結果的には、早朝の臨時便は出航でき、無事飛島に食料、燃料、医薬品など島民の生活に必要な滞貨物資を届けて、とんぼ返りした。しかし、当日9時30分発の定期便は、予想通り欠航となり、その後何日か欠航が続いたという。

第二章

島旅のヒント

島旅の達人が教える、12の旅のヒント。
これを知っておけば、
島旅はもっと楽しく快適になる！

ヒント――❶　LCCが活用できる島

　LCC（格安航空会社）は、旅費を節約したい旅人にとってありがたい味方だ。成田空港や関西空港をはじめ、中部空港、新千歳（札幌）空港、福岡空港、那覇空港などは、全国各地と結ぶ航空路があるので、遠隔地からその周辺の島へ安く行けるようになった。

　逆に、ローカル空港を離発着するLCCも増えているので、地方から成田へ飛べば、東京が最寄りの伊豆諸島や小笠原へのアプローチは格段に安くなった。

　中部空港からであれば三河湾の島々や鳥羽沖の志摩諸島、関西空港からは瀬戸内海東部の島々、福岡空港なら玄界灘の島々や壱岐・対馬、博多を夜中に出航するフェリー太古を使えば五島列島へも安く行ける。個性的な島々が群雄割拠する南西諸島の北の玄関鹿児島空港へも、各地からLCCが就航している。

　また、最近は沖縄ばかりでなく、奄美大島、宮古［下地］島、石垣島などの南の島々へも、成田や関空などからLCCの直行便が飛ぶようになり、閑散期を狙えば驚くほど格安で行くことができる。

２０１９年４月現在、ＬＣＣが就航している空港は、以下の通り。


新千歳／釧路／函館／仙台／新潟／成田／中部／関空／広島／高松／松山／高知／福岡／佐賀／長崎／熊本／大分／宮崎／鹿児島／奄美／沖縄／宮古［下地］島／石垣島

どこからアプローチするかによって異なるが、以上の空港が最寄りの島を拾いあげていくと、日本の大半の島へのアプローチが手軽になったといえるだろう。

鹿児島、奄美、沖縄、宮古、石垣がそろったので、南西諸島はほぼカバーされている。全県にＬＣＣが就航している九州の島々は、やはり経済的に近くなっているはずだ。

世界屈指の多島海である瀬戸内海の周りでも、広島、高松、松山に飛ぶようになり、ずいぶん安くなった。

ＬＣＣ空白地帯の岡山は広島、高松、関空などが補い、山口は広島、福岡、松山が対応してくれる島が多い。中部空港や成田空港の果たす役割は、すでに述べた通り。

下地島空港で搭乗客を待つLCCジェットスター

そうやって潰していくと、ＬＣＣの恩恵にあまり浴さないのは、目立ったところでは、利尻島《りしりとう》・礼文島や天売島《てうりとう》・焼尻島《やぎしりとう》、山形の飛《とび》島《しま》、能登の舳倉島《へぐらじま》、山陰の隠岐《おき》くらいだ。

ＬＣＣが活用できる島を紹介するはずが、逆に活用できない島を挙げることになった。気が付いてみれば、日本全国の島々の大半は、それほどＬＣＣのおかげで安く行けるようになったといっても、過言ではない。

目的地が決まり、交通費を節約したいと思っているなら、最寄りの空港へＬＣＣが就航しているかどうか、まず確認するといい。

※本年8月から庄内にも就航予定。飛島が近くなる。

ヒント――2 一島に複数ある定期船の港

大きな島は一般的に2つ以上の港があり、小さな島でも複数の港を持つ場合が珍しくない。自分が乗った船が、どの港に入るのか、注意しておいた方がいい。下船するつもりのない港に到着すると、その後の予定が大きく狂う可能性があるからだ。

同じ島のいくつかの港を巡る航路の場合は、自分が上陸したい集落を予め確認しておけばいい。本土側の何ヶ所からか、島の同じ港へ航路がある場合もあるが、その時はどこから乗船するのが都合いいか調べておかないと、現地で迷うことになる。

また、どの港に接岸するか、当日にならないと分からないケースもある。

首都圏近くでいえば、伊豆諸島の多くの島々がそれに該当する。

伊豆大島は風向きや天候、潮流などの状況を総合的に判断し、【元町】か【岡田】のどちらかに入港する。当日の接岸港が分かると、島人は慣れたもので瞬時に対応する。

新島は、【前浜】に接岸してくれればありがたいが、北部の【若郷】に入ると本村まで移動するのが厄介だ。船便に接続する送迎バスが出るが、大きな荷物やサーフボードを持っていると乗車できない。宿を予約していれば送迎を頼めるが、そうでなければタクシーを呼ぶしかない。若郷と新島の中心地本村の間にある約3キロと長大な平成新島トンネルは、歩行者や自転車の通行は禁止されているので、クルマでしか通行できないのだ。

神津島もふだんは集落前の【前浜港】に上陸できるが、天候次第で集落と反対側の多幸《たこう》湾《わん》に面した【三浦港】に着岸することもある。

三宅島に至っては、【三宅港】【阿古《あこ》(錆ヶ浜)港】【伊ヶ谷《いがや》港】の3港いずれかになる。

八丈島も【底土《そこど》港】と【八重根《やえね》港】の2つが使われている。

青ヶ島も昔から使われている【三宝《さんぽう》港】以外に、東海岸で大千代港の整備を進めていたが、周辺の崩落があまりに激しく危険なため、事実上港は放棄された。

島に複数の港があるが、定期船の着く港が減っているケースも多い。**礼文島**は、南部の香深《かふか》港《こう》と北部の船泊港に寄港していたが、現在は【香深港】だけ。

面積の広い**佐渡島**には、【両津港】の他に【小木港】や【赤泊港】がある。

逆に、松島湾内の**桂島**のように小さな島にもかかわらず、【桂浜港】と【石浜港】の両港に定期船が寄港する。そういう小島は意外に多く、三河湾の**佐久島**も東西2港に寄港する。伊勢湾の**答志島**へは鳥羽から2航路あって、【和具港《わぐこう》】【答志港】【桃取港《ももとりこう》】に入る。

かつては、里港《さとこう》・中甑港《なかこしき》（**上甑島**《かみこしき》）、平良港《たいらこう》（**中甑島**）、鹿島港・長浜港・手打港《てうち》（**下甑島**）と、定期船が6港に寄っていた航路は、長い年月をかけた話し合いや、接続するバス便の充実、上甑島と中甑島を結ぶ橋の開通などによって、現在の寄港地は【里港】【鹿島港】【長浜港】の3港に絞られ、運航の効率も格段に上昇しているという。

準備編の「島までの航路を確認」に、対岸から見た複数港がある島について詳しく言及しているので、73ページを参照してほしい。

ここで一番強調しておきたいのは、一つの島に複数の港があるのがふつうだと思って、情報収集をしてほしいということだ。

ヒント――3 船待ち時間の過ごし方（前編）

今時なので、スマホやタブレットで音楽を聴いたり、ユーチューブを眺める、これから訪ねる島の情報をもう一度検索してみてもいい。これに関しては、いまさら小著でくどくど触れるまでもない。そして、スマホなどを使わない人には縁のない話だ。

もっとアナログな過ごし方を提案したい。

店に入る。あるいは、のぞく。

喫茶や食堂なら、不特定多数の人が出入りするので、旅人がぶらりと入ってコーヒーを頼んだり、食事を注文するのに何の差支えもない。カウンター席があれば、そこに座って店の人に話しかければ、島に限らず地元の思いがけないグルメ情報や観光情報などに接することができるかもしれない。

コンビニなどを別にすれば、それ以外の店は入りにくいかもしれない。それでも、たまたま鮮魚店や青果店を見かけ、地元産と思しき食材がたくさん並んでいる時は、いろいろ質問すると話が弾むことがある。

スーパーなどに押されて、鮮魚や青果の店を維持するのが難しい時代、頑張って続けているのは、自分が扱うものに愛着があるから。あまり見かけない食材の名前や食べ方、特長などを聞くと、嬉しそうに説明してくれることもよくある。

鮮魚店で割いていたアナゴがうまそうだなと思いつつ船に乗り、たどり着いた島の宿でたまたまアナゴのかば焼きなどが出てきた時の嬉しさは格別だ。

青果店の店先に並んでいた地野菜やかんきつ類などに、渡った島の畑や果樹園で再会すると、妙に親しみを覚えてしまう。

どちらにしても、話しかけた相手が話好きそうであれば幸運だが、迷惑そうにしていたら素直に引き下がるのが礼儀だろう。

観光案内所があれば、目的の島だけではなく、本土側の情報を収集するのも楽しい。気になるものがあれば、島から戻ってから寄ってみてもいい。

最近、旅客船ターミナルが新築されきれいになっている港が増えてきた。【伊豆大島岡田港のターミナル】は、六本木あたりにあっても違和感がないほど、しゃれている。

笠岡のみなとこばなし

笠岡のみなとこばなしの交流スペース

年に何回か足を延ばす笠岡諸島の玄関笠岡港に、近頃オープンした【笠岡港旅客船ターミナル「みなと・こばなし」】は、特にお気に入りだ。今までの港待合所が昭和の臭いがあまりにも濃密だったので、最初はその落差に驚かされた。

1階には、チケット売り場（案内所）、待合室、トイレ、授乳室、コインロッカー、会議室、交流スペースが、2階にはギャラリーと事務室がある。正式な施設名は、【笠岡諸島交流センター】。待合所から少し高くなった交流スペースは、多目的室的な存在だが扉もないオープンな空間で誰でも自由に利用できる。

待ち時間に愛用しているのは、その一角にある港が一望できるカウンター席。船の出入りや海や空の表情の変化を眺めていれば、飽きることがない。島から通学している高校生が、カウンター席で勉強している姿は微笑ましい。

1時間単位で待ち時間がある時、よく訪れるのは図書館だ。港から多少離れていても、1時間あれば行って地元本などを物色し、また戻ってくることができる。雨や悪天候の場合は、図書館が避難所になる。

最初に探すのは郷土本のコーナー。これから訪れる島に関する本があれば、しっかりと目を通す。観光的に知られた島はいいが、地味な島だと掲載されている本や雑誌がほとんどない場合もある。

少々とっつきにくいが、貴重な情報が眠っている可能性が高いのは、地元や周辺の自治体で刊行している「市町村史」や「市町村誌」。最後が、史だったり、誌だったりすることがあるが、「史」だからといって歴史にばかり偏っていることはなく、該当市町村の事典的な内容になっていることが多い。

ヒント――④ 船待ち時間の過ごし方（後編）

島へ渡る定期船が出ている港は、その地方の中心で歴史豊かな町にある場合が大半だ。だから、島への玄関口というより、その町自体が観光地として有名であっても不思議ではない。例えば、細い坂道が縫う斜面の家並みや数々の古寺名刹があり多くの映画のロケ地となっている尾道。一時はすっかりさびれたアーケード街でも、古い店舗を改装して新たに店や宿をはじめる人が増え、徐々に活気を取り戻しつつある。おいしい瀬戸内海のジャコも売っていれば、個性的な尾道ラーメンも旅人には欠かせないアイテムだ。

尾道から船で直接行くことができるのは、**百島**《ももしま》、**向島**《むかいしま》、**因島**、**佐木島**、**生口島**《いくちじま》など。最近は世界のサイクリストの注目を集めるようになったしまなみ海道の北の玄関でもある。

南の玄関口今治も今治城が復元されるなど見どころが多く、独特の鶏のから揚げ「せんざんき」などのB級グルメや高品質で復活を成し遂げた「今治タオル」などでも知られる。

今治から船が出ている島は、**岡村島**、**小大下島**《こおげしま》、**大下島**《おおげしま》、**大三島**、**大崎上島**、**今治大島**、

伯方島、**岩城島**、**佐島**、**弓削島**、**生名島**、**因島**など。かつては、島々が今治の繁栄を支えていたと言う人がいるほど、今治にとって目の前に浮かぶ島々の存在は大きかった。

同じように沖の島人たちが、かつて自分たちが街の繁栄を支えていたと語るのが、松山の三津浜《みつはま》。今治と並んで、おびただしい渡海船（海を渡る便利屋さん。貨物や荷物、時には危険物も運んだ）がひしめく港でもあった。

忽那《くつな》諸島の中島、**二神島《ふたかみじま》**、**津和地島《つわじじま》**、**怒和島《ぬわじま》**、**睦月島《むづきじま》**、**野忽那島《のぐつなじま》**、**釣島《つるしま》**や遠くは山口県の**周防大島**や柳井まで行く航路の起点だ。

伊予鉄道の三津駅から三津浜港へ続く商店街は、かつて日本一のアーケード街の呼び声も高かった。しかし、島の人口が減るとともに行き交う人も少なくなり、老朽化したアーケードは取り払われ、閑古鳥のなく状態になっていた。ところが、近年そんな商店街の古い商家や民家に全国から移り住み、中には商売をはじめ、地元の住民と交流を図る人たちも出てきて、少しずつ活気が戻ってきている。新しい息吹を感じながら、街や裏路地をぶらぶらと歩き、気に入った店でコーヒーやビールを楽しむのもいい。

細かな話はおくとして、北の方からかいつまんで、玄関になる歴史ある町と結びつきの深い島々の組合せを挙げてみよう。カッコ内が、その町から行くことができる島だ。大都市である東京や大阪、福岡、長崎、鹿児島、那覇や八重山群島観光の中心地石垣などは、いまさらながらなのであえて省いてある。

以下については、島の玄関口にあたる町へ行く機会があれば、ちょっと島へ足を延ばそうかという時の参考することもできる。もちろん、ここに記していないどんな小さな港やそれを取り巻く集落にも、何かしらの歴史があるのは言うまでもない。

【北海道】稚内（利尻島、礼文島）／江差（奥尻島、鷗島）【宮城県】塩釜（寒風沢島、朴島、桂島、野々島）、【新潟県】新潟（佐渡島）【石川県】輪島（舳倉島）【三重県】伊勢志摩（神島、答志島、坂手島、菅島、渡鹿野島、横山島、真崎島）【兵庫県】姫路（家島、坊勢島、男鹿島、西島）【広島県】鞆の浦・福山（走島、仙酔島）／三原（小佐木島、佐木島、因島、生口島、生名島）／竹原（大崎上島、生野島、契島、大崎下島）／広島宇品（江田島・能美島、似島、金輪島、宮島）／岩国（柱島、黒島、端島）【山口県】柳井（平郡島、祝島、周防大島）／室津（長島、祝島、八島）／室積（牛島）／防府（野島）／下関（六連島、巌流島、彦島、竹ノ子島）【香川県】高松・宇野（小豆島、男木島、女木島、大島、直島、向島、小豊島、豊島）／丸亀（本島、牛島、広島、手島、小手島）／多度津（高見島、佐柳島）【愛媛県】呼子（松島、小川島、加唐島、馬渡島、加部島）【長崎県】佐世保（中通島、宇久島、小値賀島、西彼大島、蛎浦島、江島、平島、松島、池島、福江島、平戸島）など

ヒント――5 登ってみよう、しま山100選

日本百名山を追いかける登山家たちからすれば、島の山は見るべきものは少ない。山岳界に向かい胸を張って名山といえるのは、奇しくも日本百名山のトップとラストに据えられた、利尻島の利尻山と屋久島の宮之浦岳くらいではないか。百歩譲って佐渡島の金北山が、辛うじて仲間に入れてもらえるかもしれない。

しかし、重厚な山岳らしさがなくとも、しま山には島ならではの面白さがある。島という小宇宙の頂に立つという、達成感というか制覇感は尋常ではない。特に、ぐるりと島全体を見渡すことができた時は、一瞬世界の征服者になったよう。

標高ゼロの海岸から頂上まで到達できるという、完全制覇の満足感を得られること。しま山を踏破するには、海によって厳然と隔てられた別世界へ、船に乗って足を踏み入れるという儀式を、まず行わなくてはならない。これが、旅心を痛くそそってくれる。

そもそも、島全体が裾野が水で覆いつくされた山なのだから、表裏一体の島と山の相性

が悪いはずはない。

そして、本格的な山岳はわずかなので、大半が比較的気軽に登れるのも魅力の一つだ。

しま山100選は、2016年日本離島センターによって発表された。

選定基準は、2010年の国勢調査で住人がいた有人島、定期航路のある無人島、干潮時に渡渉できる無人島のおおむね標高100m以上の山で、関係市町村から推薦のあったものが、眺望や地域バランスも考慮した上で選ばれた。

そのため、必ずしもその島の最高峰とはなっておらず、奥尻島の球島山、御蔵島の長滝山、佐渡島のドンデン山や石垣島の野底岳のように、二番手三番手も選ばれている。

以下が、しま山100選の一覧だ。

島を訪れる楽しみの一つに、島の頂を極めることも加えてもらえたらと思う。

空から見た利尻山

七郎山山頂から望む諸浦島
（手前）。獅子島

粟島展望所から粟島を一望。高見島龍王山

サロベツ原野から
利尻山を望む

	山名	よみ	標高(m)	島名
1	礼文岳	れぶんだけ	490	北海道礼文町・礼文島
2	利尻山	りしりざん	1721	北海道利尻町、利尻富士町・利尻島
3	球島山	きゅうじまやま	369	北海道奥尻町・奥尻島
4	亀山	かめやま	234	宮城県気仙沼市・大島
5	金華山	きんかさん	444	宮城県石巻市・金華山
6	大高森	おおたかもり	105	宮城県東松島市・宮戸島
7	三原山	みはらやま	758	東京都大島町・大島
8	宮塚山	みやつかやま	508	東京都利島村・利島
9	宮塚山	みやつかやま	432	東京都新島村・新島
10	丸山	まるやま	99	東京都新島村・式根島
11	天上山	てんじょうさん	572	東京都神津島村・神津島
12	長滝山	ながたきやま	850	東京都御蔵島村・御蔵島
13	八丈富士	はちじょうふじ	854	東京都八丈町・八丈島
14	大凸部	おおとんぶ	423	東京都青ケ島村・青ケ島
15	乳房山	ちぶさやま	463	東京都小笠原村・母島
16	八幡山	はちまんやま	101	新潟県粟島浦村・粟島
17	ドンデン山(尻立山)	どんでんやま(しりたてやま)	940	新潟県佐渡市・佐渡島
18	灯明山	とうみょうやま	171	三重県鳥羽市・神島
19	大山	おおやま	236	三重県鳥羽市・菅島
20	尾山	おやま	220	滋賀県近江八幡市・沖島
21	石仏山	いしぼとけやま	125	兵庫県南あわじ市・沼島
22	大満寺山	だいまんじさん	608	島根県隠岐の島町・島後
23	高田山	たかたやま	315	島根県隠岐の島町・島後
24	焼火山	たくひやま	452	島根県西ノ島町・西ノ島
25	赤ハゲ山	あかはげやま	325	島根県知夫村・知夫里島

	山名	よみ	標高(m)	島名
26	立石山	たていしやま	169	岡山県笠岡市・白石島
27	大石山	おおいしやま	185	岡山県笠岡市・六島
28	大弥山	おおみせん	159	広島県福山市・仙酔島
29	白滝山	しらたきさん	226	広島県尾道市・因島
30	大平山	たいへいざん	268	広島県三原市・佐木島
31	神峰山	かんのみねやま	452	広島県大崎上島町・大崎上島
32	一峰寺山	いっぽうじさん	449	広島県呉市・大崎下島
33	十文字山	じゅうもんじやま	309	広島県呉市・豊島
34	七国見山	ななくにみやま	457	広島県呉市・上蒲刈島
35	火山	ひやま	408	広島県呉市・倉橋島
36	古鷹山	ふるたかやま	394	広島県江田島市・江田島
37	安芸小富士	あきのこふじ	278	広島県広島市・似島
38	弥山	みせん	535	広島県廿日市市・厳島(宮島)
39	金蔵山	きんぞうざん	283	山口県岩国市・柱島
40	嵩山	だけさん	618	山口県周防大島町・周防大島(屋代島)
41	大嶽	おおだけ	271	山口県柳井市・平郡島
42	上盛山	かみさかりやま	314	山口県上関町・長島
43	擂鉢山	すりばちやま	229	山口県下松市・笠戸島
44	大津山(砲台山)	おおつやま(ほうだいやま)	174	山口県周南市・大津島
45	高山	たかやま	320	山口県長門市・青海島
46	金比羅山	こんぴらさん	148	山口県下関市・蓋井島
47	星ヶ城山	ほしがじょうざん	816	香川県小豆島町・小豆島
48	皇踏山	おうとざん	394	香川県土庄町・小豆島
49	檀山(壇山)	だんやま(だんやま)	340	香川県土庄町・豊島
50	遠見山	とおみやま	101	香川県丸亀市・本島

	山名	よみ	標高(m)	島名
51	心経山	しんぎょうざん	213	香川県丸亀市・広島
52	龍王山	りゅうおうざん	297	香川県多度津町・高見島
53	城山	じょうのやま	222	香川県三豊市・粟島
54	積善山	せきぜんざん	370	愛媛県上島町・岩城島
55	鷲ヶ頭山	わしがとうさん	436	愛媛県今治市・大三島
56	亀老山	きろうさん	308	愛媛県今治市・大島
57	小冨士山	こふじさん	282	愛媛県松山市・興居島
58	鳥屋ヶ森	とやがもり	320	愛媛県宇和島市・九島
59	妹背山	いもせやま	404	高知県宿毛市・沖の島
60	御嶽山	みたけさん	224	福岡県宗像市・大島
61	鎮山	ちんやま	187	福岡県糸島市・姫島
62	白嶽	しらたけ	518	長崎県対馬市・対馬島
63	有明山	ありあけやま	558	長崎県対馬市・対馬島
64	岳ノ辻	たけのつじ	213	長崎県壱岐市・壱岐島
65	丸島の飯盛山	まるしまのいいもりやま	103	長崎県平戸市・度島
66	安満岳	やすまんだけ	536	長崎県平戸市・平戸島
67	志々伎山	しじきさん	347	長崎県平戸市・平戸島
68	城ヶ岳	しろがたけ	259	長崎県佐世保市・宇久島
69	番岳	ばんだけ	443	長崎県新上五島町・中通島
70	山王山	さんのうざん	439	長崎県新上五島町・中通島
71	遠見番山	とおみばんやま	193	長崎県五島市・奈留島
72	鬼岳	おにだけ	315	長崎県五島市・福江島
73	七ツ岳	ななつだけ	431	長崎県五島市・福江島
74	男岳	おだけ	150	長崎県五島市・嵯峨島
75	烏峠	からすとうげ	442	熊本県天草市・御所浦島

	山名	よみ	標高(m)	島名
76	天竺	てんじく	538	熊本県苓北町・天草下島
77	遠見山	とおみやま	179	大分県津久見市・保戸島
78	遠見場山	とんばやま	185	宮崎県延岡市・島野浦島
79	七郎山	しちろうざん	393	鹿児島県長島町・獅子島
80	遠目木山	とおめきやま	423	鹿児島県薩摩川内市・上甑島
81	尾岳	おたけ	604	鹿児島県薩摩川内市・下甑島
82	知林ヶ島	ちりんがしま	90	鹿児島県指宿市・知林ヶ島
83	天女ヶ倉	あまめがくら	238	鹿児島県西之表市・種子島
84	硫黄岳	いおうだけ	704	鹿児島県三島村・硫黄島
85	櫓岳	やぐらだけ	620	鹿児島県三島村・黒島
86	太忠岳	たちゅうだけ	1497	鹿児島県屋久島町・屋久島
87	宮之浦岳	みやのうらだけ	1936	鹿児島県屋久島町・屋久島
88	フリイ岳	ふりいだけ	235	鹿児島県十島村・口之島
89	御岳	おたけ	979	鹿児島県十島村・中之島
90	御岳	おたけ	796	鹿児島県十島村・諏訪之瀬島
91	大浦展望台	おおうらてんぼうだい	131	鹿児島県十島村・平島
92	御嶽	みたけ	584	鹿児島県十島村・悪石島
93	イマキラ岳	いまきらだけ	292	鹿児島県十島村・宝島
94	湯湾岳	ゆわんだけ	694	鹿児島県宇検村・奄美大島
95	越山	こしやま	188	鹿児島県和泊町・沖永良部島
96	城山	ぐすくやま	172	沖縄県伊江村・伊江島
97	高月山	たかつきやま	131	沖縄県座間味村・座間味島
98	宇江城岳	うえぐすくだけ	310	沖縄県久米島町・久米島
99	野底岳	のそこだけ	282	沖縄県石垣市・石垣島
100	宇良部岳	うらぶだけ	231	沖縄県与那国町・与那国島

ヒント――6 ちょっと手加減、秘島の秘湯

日本は自然災害、火山災害の多い国だが、温泉に浸かると火山の恵みのありがたさをしみじみと感じずにはいられない。心身ともに滅入っている時など、相性のよい温泉にじっくり身を沈めれば、すべてを晒して母なる地球に抱かれている心地さえしてくる。

島巡りの楽しみに、温泉がある。本土にもたくさんの温泉があるが、島の温泉は格別野趣に富むものも多く、温泉好きや秘湯愛好家の心をしっかりつかんでいる。秘湯が野性味を失わずに維持されているのは、あまり都会化されていない島だからこそ。

ここでは、秘島度は少し加減して、比較的とりつきやすい島だけれど、秘湯感はたっぷりという温泉を選んでみた。せっかくだから、機会をつくってぜひ挑戦してほしい。

まずは、首都圏の**式根島**。温泉に絞った弾丸ツアーならば、東海汽船のジェット船を使えば、日帰りも可能だ。ただし、季節や曜日によって不可能な日もあるし、滞在できる時間は2時間ほど（季節曜日によってはもっと長く滞在可能）。せっかくそれなりの運賃を

払って行くので、日帰りはもったいなさ過ぎる。

少なくとも、式根島に1泊。時間に余裕があれば、お隣の新島や神津島にも足を延ばしてほしい。両島とも1泊する価値は十分にあるし、こぎれいな温泉も待っている。

式根島の温泉が気に入ったら、湯治気分で何日か滞在してもいい。

島南部の式根島港に近い海岸の岩の間から湧きだす【足付温泉《あしつきおんせん》】は、「外科の湯」という異称があるくらい効能が高く、外傷、水虫、アトピー性皮膚炎、できものなどに効く。式根島では唯一透明な湯で、55度ある炭酸泉だ。かつては、新島や神津島から湯治にくる人もいたという。港寄りには浴槽が設えられた露天風呂、【松《まつ》が下雅湯《したみやびゆ》】もある。

周囲は岩山に枝ぶりのよい松が生えた景勝地で式根松島とも称され、戦前は式根島温泉ホテルというスパリゾートの魁のような宿泊施設があった場所。東海汽船や上野精養軒などが出資して、1936年5月に開業した2階建て200人収容の大型ホテルだった。

野趣あふれるが優し気な足付温泉に比べ、大自然の荒々しさを全身で感じることができるのが【地鉈温泉《じなたおんせん》】だ。鉈で断ち割ったような大地の裂け目に刻まれた、標高差40mほどある階段を下った岩礁の底から滾々《こんこん》と湧き出している。

地鉈温泉へ降りる道

地鉈温泉につかる

80度ほどの熱い硫化鉄泉で、湧き出すとすぐに酸化して褐色に変じる。海水と混じりあい自分にとって適温になっている場所を探して、湯に浸かる。神経痛や冷え性に効くとされ、足付の外科に対して「内科の湯」とも呼ばれている。湯の中から大空を仰ぎ見ると、地の底の湯溜まりに包み込まれているような安らぎを感じる。ちょうど大地と大海が交わる狭間にあって、地球と一体化しているような多幸感すら湧いてくる。

ロケーション、シチュエーション、泉質泉温、どれをとっても全国屈指の島の湯だ。

泳ぎに自信があれば、熱い湯にしばらく浸ってから、海でひと泳ぎしても気持ちいい。

さらに、夜半黒々と半天を限る岩壁の間に広がる満天の星を呆然と仰ぎながら、地鉈の湯に漂うのはこの上もない贅沢だ。ただ、夜は足元が暗いので、十分注意してほしい。

また、どこの露天風呂も水着着用が義務付けられている。


近年はすっかり温泉天国のイメージが定着した**八丈島**だが、昭和の時代までは【洞輪沢《ぼらわざわ》温泉《おんせん》】とすぐ近くの現在廃墟になっている南国温泉ホテルの温泉しかなかった。

大自然の中の露天風呂ではないが、昭和の匂い濃厚なうらぶれた洞輪沢の雰囲気は秘湯にふさわしい。愛想のない角張った倉庫のような建物の中にある温泉で、やさしい透明なお湯が惜しげもなく掛け流されている。地元の人たちの温泉愛に支えられている名湯だ。

平成になってから八丈島で急に温泉が増えたのは、地熱開発調査のおかげ。地熱発電用の熱源を探す過程で温泉が湧き、それを利用して入浴施設を作ったのだ。中でも、最も秘湯感が色濃いのは、ジャングルの中に潜む【裏見《うらみ》ヶ《が》滝温泉《たきおんせん》】だ。秘湯度はかなり薄れるが、その他にも【ふれあいの湯（樫立《かしたて》）】【やすらぎの湯（中之郷）】【ザ・BOON（中之郷）】【みはらしの湯（末吉《すえよし》）】【足湯きらめき（中之郷）】などもある。

伊豆諸島で異色の秘湯といえば、**青ヶ島**の【地熱サウナ】をおいて他にない。

アメリカの環境保護団体ワン・グリーン・プラネットが2014年に発表した「死ぬまでに見たい世界の絶景13選」に、日本で唯一選定されたのが青ヶ島だった。荒海の上に浮かぶ二重式カルデラの山頂部の景観が評価されたらしい。中腹の高台に広がる集落から、歩いて30分ほどの大凸部《おおとんぶ》へ登ると、二重式カルデラの中を覗くことができる。

カルデラ内には「ひんぎゃ」と呼ばれる噴気孔があり、その水蒸気が蒸し料理や暖房に利用されてきた。ひんぎゃの熱を使って海水からとった「ひんぎゃの塩」は、青ヶ島の特産物となっている。地熱サウナは、ひんぎゃの水蒸気を利用したもの。温度はそれほど高くないが、100%を超えそうな湿度でパワー抜群のサウナだ。

島の有名秘湯として、**屋久島**の【平内海中温泉《ひらうちかいちゅうおんせん》】は外せない。しかし、温泉というより観光地として有名になってしまい、入浴するには勇気がいるという状況に陥っている。脱衣所もないし男女混浴な上に水着着用不可なので、女性にとって特にハードルが高い。さらに面倒なことには、入浴可能な時間帯は、1日2回ある干潮前後の2時間ほど。それでも、落ち着いて入りたければ、夜中の干潮時に狙いを定めるしかない。

平内集落に近い湯泊の海辺にある露天風呂は、一応仕切りはあるが囲いはないので丸見え。周辺の波打ち際を探せば、お湯の湧く場所が何ヵ所もある。知られざる秘湯といってもいい。また、同じ南部にある木造の入浴棟が建つ【尾之間温泉《おのあいだおんせん》】も、玉石が敷き詰められた浴槽の底から源泉が絶え間なく湧き出て、秘湯らしさたっぷりだ。

秘湯かどうかはさておいて、屋久島には【大浦温泉】【ゆのこの湯】【楠川温泉】など、その他にも幾つかのひなびた温泉がある。

最後に、湯治場の雰囲気を今もしっかり保持し続けている**壱岐島**の温泉として、【壱岐湯ノ本温泉】の一角をなす【山口温泉】【すこやか温泉】【高峰温泉】【万福温泉】も挙げておきたい。

高級旅館が多い湯ノ本温泉に比べ、昭和の懐かしさがにじむ庶民的な温泉ばかり。高級旅館よりも、ぼくには湯治温泉の方がしっくりなじんでしまうのは、何故だろう。

ヒント⑦ ガチで、秘島の秘湯

読者サービスで「ちょっと手加減、秘島の秘湯」も書いたが、島は筋金入りの秘島でなおかつ温泉も秘湯、という極めつきを紹介したい。

温泉といえば、どうしても火山帯の島々に集中しがちだ。そして温泉列島といえば、首都圏の南に連なる伊豆諸島と鹿児島から奄美大島の間に点在する薩南諸島北部の島々だ。

伊豆諸島の小離島（利島、御蔵島、青ヶ島）は、自然環境に注目すれば全国的に見ても秘島といえる。しかし、いずれも東京から空路がある大きな島でヘリコミューターに乗り継ぎ、飛んで行くことができるので、交通的には比較的恵まれている。

だから、極めつきの秘島&秘湯は、すべて鹿児島県の南部に集中している。

なお、自然度の高い海岸線の温泉は、入浴可能な時間が潮の満ち引きに左右されることが多いので、地元で入浴に適した時間を改めて確認して入りに行ってほしい。

硫黄島の東温泉

中之島の東温泉

まず、薩摩半島最南端の長崎鼻の沖約50キロで噴煙を上げ続けている**硫黄島**の【東温泉《ひがしおんせん》】を挙げたい。船で硫黄島に近づいていくと、海岸線のそこかしこで海水が白や淡黄色、淡い水色、褐色などに変色しているのが分かる。島のまわりの至るところで温泉が湧いているのだ。硫黄島は、海中温泉の中に浮かぶ火山島といってもいいのではないか。

硫黄島には、温泉が5ヶ所ある。全くの露天風呂で混浴の【東温泉】【坂本温泉】【穴之浜《けつのはま》温泉】【大谷《うーたん》温泉】と、港の前にある【三島総合開発センター内の入浴施設】(火・木・土曜のみ)だ。

お勧めの秘湯は、集落から徒歩40分ほどの東温泉だ。

坂本温泉は、刺激が少なく穏やかな食塩泉で、島人の間では一番人気だそうだが、浴槽がだだっ広くて、今一つ風情がない。穴之浜温泉と大谷温泉は、海岸線の岩陰で湯の湧く場所を探して入る自然の湯。波があると落ち着かないし、海水の混ざり具合で湯温も定まらず、写真を撮っても全裸になって、海辺で水遊びしているよう。

そんな中で、東温泉には海岸の岩場に溶け込む自然なたたずまいの浴槽が3つあり、岩を積み上げて造った風情漂う脱衣場（男女兼用だが）も設置されている。

泉質は硫黄ミョウバン泉で、強烈だ。温泉を一滴舐めるだけで、舌が痺れそうなほど酸っぱい。下手に顔を洗って目に入ると、痛くてたまらないのでくれぐれも注意すること。ただ、強力なだけあって、水虫などの皮膚病にはよく効くらしい。

また、周辺の眺望も雄大で、南に開けた正面の大海原の彼方には、屋久島や最近噴火が続く口永良部島の島影を望むこともできる。海に向かって左手の海岸には、東ノ立神という巨岩がそびえている。その向こう側に行くと、海蝕洞の上から温泉が流れ落ちている田代の洞窟温泉があり、最近秘湯好きの注目を集めているそうだが、ばくぼまだ未踏だ。

硫黄島の沖に横たわる**口永良部島**《くちのえらぶじま》も、秘湯の宝庫だ。知名度抜群の屋久島の属島（屋久島町に属する）なので、その陰に隠れて存在感は薄いが、実力は侮れない。屋久島と関わりのない場所にあれば、特徴のあるワイルドな温泉も豊かな自然も、もっと注目を浴びるだろう。面積だけとっても、実は与論島や御蔵島のほぼ2倍もある。

口永良部島の温泉は、【寝待《ねまち》温泉】【湯向《ゆむぎ》温泉】【西ノ湯温泉】【本村《ほんむら》温泉】の4つ。港に近い本村温泉は最近の開設だが、他の3つは歴史も古い。

お勧めは、比較的港からも近く、昔ながらの島の温泉らしい風情の西ノ湯だったが、2018年9月30日島に最接近した台風24号の高波と烈風により湯小屋は跡形もなくなり、130年ほど前に本土の指宿から運んだ石で造ったという浴槽も崩れてしまった。それでも、島人たちは2019年夏までに、再建を目指して頑張っているという。

湯治の効果が高く熱烈な愛好者がいる寝待温泉も、台風24号で湯治小屋などの建物がすべて倒壊してしまい、入浴するのは難しい状態だ。

本村から徒歩4時間（15キロほど）の湯向温泉は、小屋掛けした中に男女別の浴槽があり、笹濁りの湯があふれている。露天風呂ではないためやや野性味に欠けるが、入浴棟や浴槽の雰囲気もさることながら、湯向集落自体が秘島の秘境なので、秘湯の雰囲気は存分に味わうことができる。時間に余裕があれば、湯向の民宿に泊まるのもいい。宿の人が港まで迎えに来てくれるはずだ。

トカラ列島の中で一番鹿児島に近い**口之島**では、3ヶ所で温泉が湧く。コミュニティーセンター内の【さとの湯温泉】、集落東南の戸尻地区の海岸に湧く【戸尻《としり》温泉】、島の南岸で野生牛の生息域にある【セランマ温泉】だ。

戸尻温泉はかつて入浴施設が作られたことがあったが、諸事情によりほとんど使われないまま廃墟と化した。今も海岸線に温泉が湧いているので、自分で岩を動かしたりして湯だまりを作れば浸ることは可能だ。海岸に赤錆色をした箇所があるので、すぐに分かる。

一番充実しているのは、セランマ温泉だ。男女別の入浴棟、男女別の露天風呂の他に、休憩所なども設けられた保養施設となっている。施設を使うには、集落の出張所で鍵を借りていかなくてはならない。また、到着してからお湯をためて入るようになるので、時間に余裕を見ておく必要がある。

温泉までは9キロあり、歩くと2時間はかかる。野生牛の生息域なので、運が良ければ遭遇できる。温泉の周辺に点々と落ちている牛糞が、野生牛の存在を暗示している。トカラ各島には無料ガイドがいるので、予約しておいて案内してもらってもいい。

ここまで読んで、たいした秘湯じゃないと言われそう。しかし、すぐ上に源泉があるので、施設の前の流れ全体が温泉の川となっており、河床にトルコの世界遺産パムッカレのように窪んだ箇所が多数あるので、そこに浸かれば極めつきの秘湯気分を味わえる。


口之島のお隣は、トカラ列島最大の島で以前は十島村の役場があった**中之島**だ。かつて台地の上にいくつかの開拓集落もあったが、現在は平家の落人伝説があり古い歴史を誇る西集落と、主に奄美大島からの入植者が開いた東集落がある。

それぞれの集落の前の海岸に、擁壁に囲まれた湯小屋があり地区名をとって【西区温泉】【東区温泉】と呼ばれている。両方とも白く濁った硫黄臭のする温泉らしい温泉だ。

自宅の風呂を持たない家も多く、温泉は島人たちの憩いの場となっている。

最近は、激烈な台風に直撃され、大きな被害が出ることも多々あるが、住民たちが速やかに復活させて入浴できるよう維持している。また、それぞれの地区の人たちが、気持ちよく入れるように毎日清掃し、旅人にも開放してくれているのだ。入浴料金は志納だが、島の湯に癒されたら少し多めに置いてくるのも、いい旅の思い出となるだろう。

大自然の中に身を晒すという意味では、秘湯度はやや低いかもしれないが、この欄で紹介している秘湯の中で、最も集落と一体化して地元民に愛されている温泉は、中之島の2湯をおいて他にない。うまく溶け込めれば、島人と裸の付き合いができる。

最近掘削された他の島のコミュニティーセンター内の温泉は入浴できる曜日が限定されているが、中之島の2つの温泉は毎日入ることができるのも大きな魅力だ。

変化に富んだ秘湯があると、以前から秘湯愛好家の注目度が高かったのが、**悪石島**だ。現在は集落に近い方から、【海中温泉】、男女別の内湯がある【湯泊温泉】の共同浴場、湯泊温泉の露天風呂、砂蒸し風呂と、4つの温泉を利用することが可能だ。定期船のフェリーとしま2が接岸する港の北側対岸が温泉地帯になっており、一度浜集落まで登ってから左に降りていく道がある。

海中温泉は、波打ち際に湧く高温の温泉と海水が適度に混じり合った場所を探して入浴する。潮時が悪かったり波が荒いと、温泉気分に浸ることはできない。気持ちよく入浴出来たらラッキーと思っておいた方がいい。

湯泊温泉の営業時間は、一応16時からということになっているが、早目に行くと内湯も露天風呂もお湯が溜まっていないことがある。2つある露天風呂は、海側が女性用、陸側が男性用で、陸側しか溜まっていないこともある。どちらにしても、しっかり管理された健康ランドではないので、そのつもりで出かけた方がいい。

噴気をあげる斜面の下にある砂蒸し風呂は、指宿や別府のように砂の中に横たわるのではなく、地熱の高い砂の上に毛布などを敷いて横たわる方式。天然の岩盤浴と言えばいいだろう。入浴とはまた別の気持ちよさだが、ブヨがよく出てくる場所なので、要注意。

昔から医者要らずと呼んで島人が愛用していたのは、温泉ではなく砂蒸し風呂だった。今では信じられないが、急坂を登って急崖を下らないとたどり着けなかったので、島人も始終訪れているわけではなかった。共同浴場ができたのは、ずいぶん後になってから。

周囲は4キロほどで、道路なら30分で一周できるこぢんまりとした**小宝島**《こだからじま》は、中之島と並んで温泉が島の暮らしに溶け込んでいた。そして、現在定期船が着く小宝島港が整備され、小宝島が艀から解放されるまでは、港から日本一近い温泉でもあった。

以前島で唯一の港は、その名も湯泊港だった。艀が発着する船着き場のすぐ脇に、白い濁り湯を湛えた湯泊温泉があった。コンクリートで固めた湯泊港の桟橋の割れ目から湯気が立ち昇っていたほど。湯泊港は、温泉の上に造られた港だったのだ。

小宝島は隆起サンゴ礁の平べったい島で、同じトカラでも北の島々のように切り立ってはいない。しかし、周辺の火山活動は盛んなようで、たびたび大きな地震があり、島内には泥火山《でいかざん》のような地熱の高い場所も多い。

泥火山に近接しているのが露天風呂のみの【湯泊温泉】で、3つに仕切られたコンクリート浴槽があり、源泉に近いほどお湯の温度が高い。最近は、少し小高い場所にある温泉への登り口に、家族連れ、女性、男性など誰が入浴中なのか分かるピクトグラム（絵文字）が掲示されるようになっている。ただし、基本は脱衣場もない露天の男女混浴だ。

さらに海岸線をその奥に分け入ると、岩盤に穿たれた3つの湯だまりがある。湯泊温泉の陰に隠れた秘湯、【マショ温泉】だ。一番手前のかなりぬるい温泉ならば、何時間でも入っていることができそう。以前、一緒にマショ温泉に浸かって4時間ほど旅話に花を咲かせた青年とは、20年ほど経った今も交流が続いている。だから、島旅はやめられない。

最後は、ぼくも未だに入湯できずにいる秘湯中の秘湯について触れておきたい。

諏訪之瀬島の【作地《さくち》温泉】だ。

近年掘削したものを含めれば、トカラ7島すべてに温泉が湧く。ただし、島人でも滅多に入ることができない温泉しかないのが、皮肉なことにトカラで最も火山活動が盛んな諏訪之瀬島だ。

入湯が困難な理由の一つとして、海からしか行くことができないこと。陸路で行ったことがあるという島人によれば、ほとんど命がけだったという。崩壊した火山からなる断崖絶壁が連なり、足元は異常に崩れやすく大地は脆く、後戻りもできなかったらしい。

作地温泉に入るには、東岸の作地浜まで行き岩礁に飛びついて上陸ということになるのだが、海が凪いでいないとそこまでたどり着けない。海岸に温泉が湧く場所もあるそうだが、本来の作地温泉は海岸から涸れ沢を30分ほど登った岩壁から噴き出しているという。

ぼくも、一度岩礁に飛び移るところまで行ったが、その先に進むのが危険と言われ泣く泣く諦めた。次に挑戦した時は、作地鼻を過ぎたあたりで急にうねりが高まり、断念。

どうにか足腰が立つうちに、なんとか作地の湯に触れてみたいと熱望しているのだが、果たしてあと何年体力に余裕が残っていることやら。でも、行ってみたい。

そんな絶境にも拘らず（だからこそかも）、諏訪之瀬島のヤマハリゾートが稼働していた昭和50年代の何年間かは、作地に入浴施設とビラがあったという。どれだけの人が、絶海のリゾートを利用し、秘湯中の秘湯を訪れたのか考えると、想像を絶する。

ヒント――8 ゲストハウスの勧め

ゲストハウス（以下、GH）とはなにか。

かつて、ユースホステルを使った旅人たちには、ミーティングへの出席や皿洗いを強要されない、比較的自由度の高いユースホステルといえば、分かりやすいかもしれない。

宿によってルールは異なるが、お酒も飲めるし消灯時間も他の人に迷惑をかけないよう配慮すればいいなどと、緩やかなことが多い。

単なる安宿ではなく、その土地の情報を積極的に伝えてくれたり、地元を歩くツアーを開催したりと、宿泊者同士の交流の場を設けたり、フェイス・ツー・フェイスの関係を大切にしているところも多い。だから、宿では寛ぎたいので知らない人と接したくないという人には、GHはお勧めできない。

地元の人とも交流を大切にしたり、ぼくは未経験だがミニコンサートを開催したり、写真展をやってみたり、夜は居酒屋として地元に開放しているところもあるとか。

基本は素泊まりだが、最近多いのはシェア飯。食材はGHで用意してあり（自分で持ち込んでもいい）、それをGHのスタッフや同宿者と一緒に作り、共に食べるというもの。食事代は、食材代を割り勘にするケースがほとんど。

ちなみに、安さ第一で宿を探したければ、ネットでいろいろ探せるだろうし、ネットでもなかなか引っかかってこない小さな旅館は、個室で浴衣などの提供もあって3500円〜4000円くらいが相場なので、直接電話確認してもいい。

GHは基本的に、ドミトリー（相部屋）でアメニティーは、ほとんどなし。個室利用は5000円程度か、それ以上。それに比べたら、昔からの小旅館の方が安いと言える。

古民家を改装した1棟貸しのゲストハウスなども現れているので、宿泊料金についても千差万別になりつつある。ただし、一般的にはドミトリーで低価格設定が中心だ。

島人や旅人との新たな出会いが、旅の大きな楽しみならば、GHをうまく利用すると、日頃無縁な人たちと話ができ、さらに親しくなれるかもしれない。

シニアの年齢になり、人間関係が固定化していることに寂しさを感じていたら、思い切ってGHに泊まってみてはどうだろうか。もちろん、精神が柔らかい若い人にもお勧め。

ＧＨに泊まって楽しむ極意は、謙虚になること。

特に、これはシニア世代に対する心からの忠告です。

利用者は、やはり若者が大半というケースが多い。最近の若者は優しいから黙って聞いてくれているのをいいことに、はたから聞いていると下らない自慢話を、得意げに延々と繰り返す人がいる。そういう人に限って、その場の雰囲気に気づかないが、せっかくの会話の場が白け切ってしまうので、要注意だ。

旅先でたまたま同宿した若者は、会社の部下でもなければ自分の子どもでもない、対等な旅人であることを忘れないこと。もちろん、へりくだる必要もない。

年齢差に関係なく、人間同士対等に話せばいいだけ。相手が息子や娘と同世代だからといって、説教口調になっていいわけがない。

何かを語りたそうな若者がいたら、まず耳を傾け聞いてあげる。自分の感性では気づかない、面白い視点を教えてくれるかもしれない。聞き上手のシニアは、さすが大人という目で見られるし、ときには尊敬の眼差しを向けられるものだ。

そうなれば、ちょっと自慢げであっても、自分の話も聞いてもらえる。

会社を辞めてまでも、何か肩書がないと居心地の悪い人は、心を裸にして見ず知らずの人たちと話をしてみるのも、新鮮な経験になるだろう。ささやかな、心の旅だ。

ここまで、ざっくりとGHの概論のようなことを述べたが、島の環境も違えば宿主の個性もざまざま。これまで泊まった中から、印象に残っている、あるいは再び訪ねたいと思ったGHを、何軒か簡単な特徴を添えて挙げてみよう。

利尻島の【利尻うみねこゲストハウス】は、鴛泊港《おしどまり》に面していてとても便利だ。旅好き島好きで利尻島の自然と風土に惚れて移住し、ガイドなどをしていた西島徹さんと、西島さんより先に利尻へ移住してバスガイドをやっていた加奈子さんが、夫婦ではじめたゲストハウス。旅に関する図書もたくさんそろっていて、利尻島に関する情報もたっぷり。

焼尻島の【焼尻ゲストハウスやすんでけ】は、地域おこし協力隊だった島旅好きの奥野真人さんが、地元に居ついてはじめた宿。詳しくは、322ページを参照のこと。

となりの**天売島**にも【ゲストハウス天宇礼】がオープンした。古民家を改修して宿をはじめたのは、天売島が気に入って通いつめた挙句、地域おこし協力隊として赴任していた宇佐美彰規さん。あらかじめ頼んでおけば、自家製の熱々ピザを焼いてもらえる。朝は、

利尻うみねこGHの着ぐるみと大漁旗の見送り

古民家ゲストハウス汐見の家。佐島

焼き立てのパンの匂いで目覚めた。建物の改修はまだ道半ばで、宿泊棟の隣で何か楽しいことをしようと企てているようなので、目が離せない。

伊豆大島の居心地のよい【アイランドスターハウス】については、242ページに詳しいのでそちらを参照してほしい。

アートの島として不動の地位を築いている直島《なおしま》のすぐ目の前に、定期船すら通わない**向**《むかえ》**島**《じま》という小島がある。そこのGHの名前は、ずばり【向島集会所】。かつて地域の集会所だった建物をリフォームして、宿にしてしまったのだ。直島から船で1、2分の向島へは、夕方宿主の買い物に便乗して渡るか、船をチャーターするか。

真冬の平日、ほかに客はいないのではないかと思いつつ訪ねたら、日本人は京都でGHのスタッフをしているという女性とぼくだけ。あとの6人は、フランス人やオーストラリア人だった。宿主のよっちゃん、曰く、

「うちは、いい宿というよりは変わった宿と思われているみたいです。欧米人は、直島だけでなく未知の向島を目的に来る人も多い。こんな珍しい場所へ行ったと自慢したい人がけっこういるんですよ。アジア人は、今のところほとんどこない」

ずっと流れ続けている音楽は、実に多様なジャンルで時々なじみ深いものが混じる。

「自分の知っている音楽があれば、いろいろな人たちと会話のキッカケになるでしょう。夜が更けていくと、だんだん穏やかな音になるようしています」

たくさん貼ってある映画のポスターも、同じ目的だ。

「単なる寝る場所ではなく、居心地のいい空間を楽しんでほしい」

佐島の【古民家ゲストハウス汐見の家】は、今や高齢化が進む島人に元気を与える存在になっている。アメリカへ渡り医者として大成した日系1世で、オーナーの西村暢子さん

の大叔父ロバート・一・汐見が、元々は郷里の両親のため1953年頃に建てたもの。
空き家を処分するため、30年ぶりに佐島を訪ねた西村さんは、この家のたたずまいに心を打たれ、国際交流の場として生き返らせることを決意。2年半かけてGH作りに奔走し、オープンに漕ぎつけたという。

奄美大島の【ゲストハウステゲテゲ】は、奄美随一の大都会名瀬の中心地に近い川沿いにある。びっしりと蔦に覆われた赤煉瓦造りの不思議なたたずまいの建物。2階が男性用、3階が女性用のドミトリーで、4階は個室となっている。
オーナーはトカラの宝島に半世紀ほど住んでいた、牧口光彦さん。出しゃばった物言いはしないが、こちらから情報提供を求めると、親切に応じてくれる。安くてうまい店、島唄を堪能できる酒場、活気のあるライブハウスから、島の動植物や歴史、黒糖焼酎の蔵元や製糖所まで。また、他の島やアルバイト、旅人に関する情報にもなぜか詳しい。

ヒント――9 世界遺産の島々

島歩きのテーマとして勧めたいのが、日本にある世界遺産の島々踏破だ。理由はいくつかあるが、まず世界遺産に登録されるくらい価値がある場所だから。訪れれば、得るものは多いはずだ。また、友人や家族に旅の話をする時に、世界遺産であれば耳を傾けてもらいやすいだろう。

そして、比較的数が限られているので、全島を巡ることも夢ではない。日本にある世界遺産の島を、全部回ったんだよね。なんて自慢してみたい。果たしてどれだけあるのか、北から順番に列挙してみよう。

（　）内は登録名で、頭に文化遺産か自然遺産かを示している。

厳島（文化：厳島神社）
宗像大島、沖ノ島（文化：「神宿る島」宗像・沖ノ島と関連遺産群）
高島、端島（文化：明治日本の産業革命遺産 製鉄・製鋼、造船、石炭産業）
黒島、平戸島、中江ノ島、野崎島、頭ヶ島、奈留島、久賀島、天草下島（文化：長崎と天草地方の潜伏キリシタン関連遺産）
屋久島（自然：屋久島）
父島、母島、北ノ島、聟島、媒島、嫁島、弟島、兄島、西島、東島、南島、向島、平島、姪島、姉島、妹島、北硫黄島、南硫黄島、西之島（自然：小笠原諸島）

全部で33島あり、ずいぶんあるじゃないかと思うかもしれないが、幸か不幸か一般人が渡島可能なのは、そのうち半分以下の15島だけ。

世界遺産になる前から、**厳島**は瀬戸内随一の観光地であり、日本三景の一つ。交通も便利で、一番気軽に行けるかもしれない。

宗像大島は多くの人が住み定期船も多いが、**沖ノ島**は全島が神域で定期船もなく、事実上上陸は不可能だ。天候に恵まれれば、大島の宗像大社沖ノ島遥拝所から、玄界灘のはるか彼方に突兀《とっこつ》と浮かぶ島影を拝むことができる。

高島と軍艦島の愛称で知られる**端島**は、長崎からツアーで行くことができる。高島だけなら定期船で行ってもいいが、端島はツアーに参加しないと上陸できない。また、端島は外海に面しているので海が少し荒れると、上陸できず周囲を回るだけということもあるので、天候には注意した方がいいだろう。

潜伏キリシタン関係では、無人島の**中江ノ島**《なかえのしま》には行くことはできない。また、一般住民がいなくなった**野崎島**《のざきじま》は実質的には無人島に近いが、廃校を利用した宿泊施設自然学塾村があり、小値賀島から定期便も就航している。他の6島は住民もいて、定期便なども運航されている。ただし、世界遺産の構成資産を見学するには、基本的に予約が必要だ。

屋久島は他でも触れた通り魅力的な島だから、ぜひ一度は訪ねてほしい。

最後に残った**小笠原諸島**は、19もの島が構成資産となっているが、住民がいるのは**父島**と**母島**だけ。また、父島に隣接する絶景の**南島**は、ツアーに参加して上陸可能だ。ただ、

軍艦島の集合住宅。手前右から59、60、61号棟

宗像沖ノ島の社殿

1日の入島人数に制限があり、暮れと正月を除いた11月から1月いっぱいくらい（年によって多少変動）が上陸禁止となる。

アホウドリの移住が試みられている**聟島**《むこじま》へ行くツアーもあるが、催行本数も少なく乗船時間も長いので、小笠原に2航海以上滞在するならば、チャレンジするのもありだろう。

小笠原は他でも記したように、日本で一番隔絶された場所にあるので、時間に余裕がないとなかなか行きにくい。世界遺産の島めぐりで、一番行きにくいかもしれない。

ヒント――⑩ 無人島は誘う

無人島、と聞くだけで心がときめくのではないか。

しかし、無人島らしいイメージは絶海の孤島だったり、大自然に抱かれていたりと近寄りがたくて、自分には敷居が高いと感じている人も多いだろう。

ところで、心をざわめかせる「無人島」とは何かと問えば、文字通り人がいない島、人口がゼロの島、ということになる。そこで問題になるのが、「人口」とはなにか。（50ページの「住基人口と実人口」を参照）これがなかなか一筋縄ではいかない。

細かなことを言わなければ、住基人口がゼロならば、無人島ということになる。橋が架かっているがゆえに、簡単に行けてしまう無人島は色気がないのでここでは除外する。

人口ゼロだけでよければ、島旅初心者でも気軽に行ける無人島は、意外に多い。

ほとんどが観光地だったり、観光施設があり、船便の数も多い。いくつかの観光的無人島を、思いつくままに紹介しよう。観光地なので、遊歩道や施設は整備されている。

例えば、東京湾唯一の自然島である**猿島**。横須賀から頻繁に船が出ていて、島内の遊歩道が整備されていて猿島要塞跡やそれ以外の史跡の見学もできれば、BBQや海水浴も楽しめ、簡単な資料館まである。しかし、宿はなく夜の滞在は許されない無人島だ。

長らく立入禁止になっていたが、2018年からツアーで上陸できるようになった、東京湾の**第二海堡**《かいほう》も注目の的だ。実は、ぼくはまだ行っていないので、早急にツアーに参加しなくてはとやや焦り気味。

小笠原父島南西端の目の前に横たわる平らな沈水カルストの**南島**へは、船やシーカヤックで行くツアーが多数ある。島を取り囲む美しい海や崩れた鍾乳洞の中に海水が入ってきてできた扇池など独特の景観が広がり、まるで南海の楽園を画に描いたよう。人気が高くて一部自然破壊が進んでいるので、1日に上陸できる人数が制限され、自然の養生のため冬場は上陸禁止になっている期間がある。

南島と対照的に気軽に渡ることができるのは、伊豆半島の付け根の沼津沖に浮かぶ、水族館やレストラン、ホテルなどが充実した**淡島**だ。詳しくは、214ページを参照のこと。

日本でも指折りの多島海が広がる、伊勢志摩地区の**日向島**《ひなたじま》（通称イルカ島）は、イルカやアシカのショーなどを見学できる海洋遊園地になっており、定期船が通う。

この数年、ビーナスロードと命名された砂洲が人気となっている**黒島**については、237ページに最新の状況が詳しく載ってる。

朝鮮半島から江戸を目指した朝鮮通信使たちが、各地の日本人たちに歓迎攻めされながら船で移動した瀬戸内海で、最高の景観だと絶賛したのが、鞆の浦福禅寺の対潮楼から眺めた、**仙酔島**《せんすいじま》とその周辺の眺望だった。

仙酔島は今も屈指の景勝地で、鞆の浦からは頻繁に観光船が通い、島内に張り巡らされた遊歩道を散策する姿は、四季折々絶えることはない。また、宿泊施設やキャンプサイトも完備されている。ただ、ここも住民登録はないので無人島ということになる。

戦前から著名な文人墨客が数多く訪れた同じような絵画的な景勝地としては、香川県の**蔦島**《つたじま》（大蔦島と小蔦島の総称）、北条市（合併後は松山市）の**鹿島**《かしま》、鹿児島県の**阿久根大島**などが昔から名高く、今も訪れる人が絶えない。

少し変わったところでは、住民がすべて去ってしまった後も、1日4往復の定期船が通い続けている**日南大島**がある。大島アドベンチャーキャビン・コテージというバーベキュー場も付設の宿泊施設があるからかもしれないが、なかなか贅沢な航路だ。かつて島にあった学校が本土の学校と統合された時に、船便を確保するという条件のもとで、廃校に同意したという話を聞いたことがあるが、さすがに無人化してもという話ではなかったのではないか。なぜ、定期航路が維持されているのか気にかかる。

錦江湾内の桜島の北側に位置する**新島**が、日南大島に似たような境遇かもしれない。字面は伊豆諸島の新島と同じだが、こちらはシンジマと読む。桜島の噴火によって、1779年に誕生した島で、2013年に無人化するまでは錦江湾内唯一の有人島だった。

無人化した今も、鹿児島市の行政連絡船が週3日（各3往復）運航されている。市のサイトには、以下のような説明がある。

——鹿児島市では、桜島（浦之前港）と新島（新島港）間における市民の交通の利便及び市行政の円滑な遂行を図るため、行政連絡船を運航しています。

文字通りの意味と解釈しておけばいいのだろうか……。

沖縄には、マリンスポーツを楽しむために開発された小さな無人島があり、明るいサンゴ礁の景観や地上とは全く別世界のサンゴ礁の海が堪能できると人気を集めている。

沖縄本島南部の**コマカ島**、那覇の沖に浮かぶまっ平らな**ナガンヌ**、久米島の東に伸びる**はての浜**。宮古島周辺では、特に潮位が下がる大潮の時は、大陸が出現するとも称された**八重干瀬**が、無人島ではないが幻の島として人気が高い。春の大潮の時に浮かび上がる広大なサンゴの森の壮観には、きっと圧倒されることだろう。

八重山群島では、石西礁湖《せきせいしょうこ》に浮かぶ**嘉弥真島**《かやまじま》や**幻の島**、西表島北部の沖にある**バラス島**などへ、海水浴やシュノーケリング、ダイビングなどのツアーが出ている。

少しだけ、あるいは結構ハードルは高いが、以下のようにワイルドな無人島へ行くツアーも催行されている。ただ、無人島は基本的に港湾の整備状況が悪かったり、港らしい港がないことが多いので、海が少し荒れただけでツアーが中止となることも多く、もし無事に上陸できたらラッキーくらいに思っておいた方が、心安らかでいられる。

一方、無人島でも漁船などが避難するために港が整備されていることもあり、逆にそれが仇となって、先日北朝鮮の漁船が無人島の渡島小島《おしまこじま》に接岸、乗組員が地元漁協の避難小屋の備品を盗むような事件が起きることもある。

渡島小島へは、かつて機会があって渡ったことがある。無人島のはずなのに、毛並みのいい犬がいて、なおかつ少し用心しながらも近づいてくるではないか。それもそのはず、小島が好きで夏の期間は2人で昆布などを拾いながら暮らしているという老夫婦の飼い犬だったのだ。ずいぶん昔のことになるのでそのご夫婦はもういないが、毎年海女さんたちが海藻などを採るため小島へ渡っているという。

また、30年ほど前のバブル経済絶頂期には、成金がススキノのお姐さんたちをマイヘリコプターに乗せて渡島小島に飛来し、ヘリポート周辺で一晩カラオケ大会を繰り広げて、再び去っていったとか。これは、そのご夫婦に聞いた話だが。

脇道に逸れたが、ワイルドな無人島ツアーに戻ろう。

八丈島のすぐ近くにそそり立つ**八丈小島**。小笠原の**ケータ島**（**聟島**）あたりが、それに該当するだろう。もっとハードとなると、島旅入門書の守備範囲を完全に超えてしまうが、手がかりを一つ提示しておこう。

渡島が難しそうな本格的な無人島は、目的地に近い渡船業者に当たってみるといい。釣りの愛好家たちの執念には、驚くべきものがある。優れた釣りのポイントがあれば、どんなに渡島困難な無人島へでも出かけていく。この入門書を手に取っている人には、あまり

瀬戸内海の二面島

無理をしないでほしいが、万が一超難関の無人島へ行ってみたいと思ったならば、周辺の海をよく知る釣り船に当たってみるのが、最も現実的だろう。

奄美のハミャ島

ヒント⑪ 不思議な島の味

旅のヒントを書きまとめる上で、すぐに思いついたテーマの一つがこれだった。

しかし、いざ書こうとするとあまりにも多すぎて、頭の中で氾濫してしまった。要するに、本が1冊書けそうなくらい、島には不思議な味が眠っているのだ。

ここでは、ふつうは食材として流通していない、あるいは食材と見なさない、こんなものに出会い食べてみました、という報告を簡単にさせてもらうことにしたい。一般的に奇妙なものだからといって、ぼくはそれだけでゲテモノだとは思わない。

よく最初にナマコやウニを食べた人はすごいとか、なぜフグを食べたのか、などともっともらしく疑問形にするが、どんな世界にも先駆者がいて、道を切り開いていく。そういう人たちは、特に気負いも義務感もなく、自分の興味の赴くまま口にしたに違いない。

全国的に流通することのない珍しい食材といいつつも、実は各地で食べられ、その土地では熱烈に愛され、しかも食べるのは自分たちだけと思い込んでいる食材は、かなり多い。

最近は、珍食材を紹介するようなテレビ番組も増えたので以前ほどではないが、それでも自分たちだけの食材という思い込みは強いようだ。

例えば、【ウツボ】。沖縄、奄美、トカラ、日向、土佐、紀州、志摩、伊豆諸島、房総と黒潮が洗う場所では、好んで食べるところが多い。今や場所によっては高級食材となった【カメノテ】なども、広く流通しないだけで、全国各地で好まれているし、地方の鮮魚店やスーパーで見かけることもあるほど。

また、ぼくのような不思議食材好きも少なくないようで、【タモリ（セトダイ）】【ゴッコ（ホテイウオ）】、【ドギ（ノロゲンゲ）】のように、通販で取り寄せできる食材も増えた。

少し島から離れてしまったが、そこの島でしか口にしたことのない味を、いくつかご紹介しよう。現代の感覚では、そんなもの無理して食べなくてもと思うものばかり。

宮古島の民宿津嘉山荘で食べさせてもらった、食感が柔らか目のキクラゲといった【土ノリ】。地面に生えるネンジュモ属の藻類の一種で、標準和名はイシクラゲ。食材そのものにはっきりした味わいがあるわけではないが、食感が面白い。

どんなものか説明を聞くうちに、ああ〜、あれかっ！　と、思い至った。水を被った後の芝生などで、時々目にしているやや緑を帯びた焦げ茶色のぶよぶよ（乾くと情けない乾燥きくらげ）の海藻みたいな、あれ。美味しそうと感じたことはないが、食べられなくもなさそう。素材はタダだが、食べられるようにするまでの手間が尋常ではない。細かなゴミや汚れをていねいに避けて、やっと食べられるようになるという。宝島などでも昔は食べたと聞いたが、実際口にできたのは津嘉山荘だけ。

今はほとんど幻の味になったようだが、港がなく厳しい海に囲まれ漁業が盛んでなかった**御蔵島**で、完全に孤立する冬を乗り切るため、蛋白源や脂肪源として、島で繁殖する膨大な【カツオドリ（オオミズナギドリ）】を利用した。多くの場所で保護されていたが、かつて御蔵島では島人の命をつなぐ糧だった。

１９７８年に捕獲が厳しく制限される前まで、少なくとも２５０年以上にわたり1年に数万羽くらい捕獲していたという。御蔵島はカツオドリの世界最大の営巣地で、その程度で減ることはなかった。継続可能な資源利用をしてきたことになる。

親鳥は山の斜面に巣穴をほり、周辺の豊富な魚で雛を育てると、親より肥大した幼鳥を残して去ってしまう。それから半月ほど絶食して体が軽くなった幼鳥は、親の後を追って11月上旬くらいに南へ向かう。この現象は出鳥と呼ばれ、捕獲するのはこの幼鳥だけ。もも肉や手羽は、焼き鳥などにして食べる。脂がよくのった胸肉は、丸ごと塩漬け。ガラは、コワタ（小腸）や脂を加えてミンチ状にして塩を混ぜ、しょっから（塩辛）として保存した。常温で春先までもつので、冬を凌ぐ大切な保存食だった。

ぼくも、かつて出鳥の時季に行き合わせ、少しだけ口にしたことがある。焼き鳥にしたもも肉は、やや硬いが野趣あふれる濃厚な味。しょっからの団子と根菜類やアシタバなどを一緒に煮たものは、まるで魚が入っているようないい出汁だった。

天草上島のすぐ沖にある**樋島**《ひのしま》に行くと、宿の主人が嬉しいことを言ってくれた。

「今年は、ゴホンガゼの身がよく入ってます。最近では、一番いい」

ガゼはウニのことだから、さしづめ【ゴホンガゼ】は五本脚のウニといったところだろう。

背中が小豆色で、ひっくり返すと淡いオレンジ色。ゴホンガゼの正体は、ありふれたマヒトデだった。食べるのは、マヒトデだけで、他は食べないという。

夕食に並んだのは、ゆでた大きなゴホンガゼが五つ、皿の上で瞬いている。頼んでおいた【マガリ（オオヘビガイ）】の塩ゆでもある。食べきれないご馳走が並んでいたが、まずマヒトデ。脚の裏側の縫い目に沿って開くと、カニみそのような色の粒々が詰まっていた。大粒だが見た目は、ウニそっくり。やはり近しい親戚なのだ。

見た目ほどボソボソしていないが、生ウニのようにクリーミーでもない。優等生のウニには及ばないけれど、ただの珍味ではなくなかなかの美味。じっくり味わうと微かなえぐみを感じるが、味の邪魔になるほどではなく、ゴホンガゼの個性を主張していた。

ゴホンガゼ（マヒトデ）。樋島

マガリはサザエよりも甘みが強く味も濃くうまかったが、一つの殻に入っている身は、小指の先ほどにもならない。磯遊びのついでに楽しむ珍味だろう。

隠岐では、**【アメフラシ】**を食べると聞き、どんな不思議な味かと試しにでかけた。元々は島後の一部で食されていたが、メディアで紹介され隠岐全体の味と化しつつあるらしい。地元では牛になぞらえて、アメフラシのことをベコと呼ぶ。

予めベコ料理を頼んでおいた島後の旅館では、ベコの山椒炊き（醤油煮）と酢味噌和えが並んだ。何はさておき気になって仕方ないベコに、挑戦しなくてはいけない。神妙な顔をして醤油煮をつまんだ。春を想わせる爽やかな山椒の香りが鼻をくすぐる。

噛んだ途端、磯の香りが一陣の風となって広がった。口中に海の気配が立ち込め、息をすると淡い潮騒があふれそう。心地よい夕べの浜に佇んでいるような安らぎがある。アメフラシの記憶が、舌の上ではらはらと崩れて海の景色に変貌しているのだろう。

ベコ自体にはほとんど味がないようで、他の素材や調味料の味が前面にでていた。しかし、食材としてのベコの存在感は大きかった。噛んだ時の食感は独特で、ゆでナマコや牛の内臓センマイなどに近いが、ナマコよりシャキシャキ感があって、なぜかキノコの歯ごたえがよぎる。一方で、歯は弾力のある柔らかめの梨の感触を思い出していた。

満足げな顔をしたぼくに、宿の女将が教えてくれた。

「ベコは、内臓を取って海水で洗い、糠を混ぜた水で1時間くらい炊きます。炊けば炊くほど柔らかくなる。茹でたものを冷凍しておけば、1年中使えます」

1年中採れるものではなく、旬は海藻が萌える春だという。

島ではもっぱら地の食材を使った料理を出してくれる宿に泊まることが多いが、**喜界島**ではゲストハウスに泊まり、知人が紹介してくれた天晴という店に出かけた。

ヤギの内臓や血を炒めた喜界島の郷土料理カラジュウリ

喜界島らしいものと頼んだら、まず勧められたのが噂に聞いていた【カラジュウリ】。

1841年、船が難破して島に漂着した唐人たちが、島人の親切に応えて伝授した料理で、漢字を当てると唐料理。ヤギの肉と内臓に、ヤギの鮮血を加えて炒めたもの。レバー炒めのような味わいで、思ったほど癖はない。ヤギ好きの人が多い喜界島では、ヤギは刺身や汁にして食べることも多い。ヤギ刺が一番癖が少なく、取りつきやすいだろう。

もしかしたらと思った【クンマー】の正体は、やはり日本各地の海岸で岩にくっついているのを見かけるヒザラガイだった。口にするのは、40年ほど前の三島村の竹島に次いで2度目。竹島では、ナガラメと呼んでいた。

不気味な外見だが、よくゆでて殻や内臓を取り除き、酢味噌で食べるとこりこりした歯ごたえの間から貝の旨みがにじみ、なかなかいける。竹島でもこんな味だったかなと記憶をたどったが、独特の食感しか思い出すことができなかった。

西表島祖納でシツィ（節祭）の世乞いの前日に元郵便局の裏庭を訪ねると、煮えたぎる大きなシンメー鍋が七つ八つ並んでいた。なにやらぐつぐつと煮えていて、うまそう。

「この【牛汁】いっぱいを飲みたくて、手伝いにきたんです。世乞いが終わったら17時の船に飛び乗り、明日のうちに東京まで帰ります」

という人もいれば、シツィのため東京から半月にわたって里帰りをしている人もいた。

近くには、巨大な木性シダであるヘゴの芽が、山積みになっている。まるで、巨人の国のワラビだ。これも、食材になるらしい。芽の部分は分かるとして、さらにゴツゴツした幹の芯も食べると聞いたが、味が想像できなかった。

3日にわたる祭事のメニューが、カラー写真を添えて室内に貼り出されていた。口承で継続してきた料理も、節祭が文化財に指定されたのを機に、きちんと分かりやすく伝えていく試みだという。ワラビと通ずる【バラピ】が、ヘゴのことらしい。

牛汁に入っていたバラピの幹の芯は、筋っぽいダイコンのようであまり好みではない。しかし、芽（これも外皮を剥いた芯の部分だが）はほぼ生のままらしく、意外にもシャキッとしてぬめりもあり、山芋とそっくりの味と食感が嬉しかった。

ヒント――⑫ 島で巨樹に会いたい

日本を代表する巨樹といえば、**屋久島**の縄文杉を思い浮かべる人が多いだろう。しかし、それ以外にも島には多くの巨樹が眠っている。ミニ屋久島ともいわれる**御蔵島**は、面積こそ屋久島の25分の1しかないが、屋久島と並ぶ巨樹の宝庫だ。御蔵島周辺に棲みつくイルカと戯れるのもいいが、深い森にも宝物が埋まっている。

この数年、日本一というスダジイやスダジイの巨樹が次々と確認されるなど、**三宅島**が巨樹界のニューフェイスとして注目度が高まっている。海が中心だった三宅島の新しい魅力として、旅人の期待に応えてくれるようになるだろう。

島に眠る巨樹をいくつかを紹介するので、何百年、時には千年を超す歳月に育まれて静かに立ち尽くす、大いなる存在に会いに行ってはどうだろう。たとえ、悩みを抱えていても、悠久の大樹と向き合えば、きっとささやかなことに感じられる。

巨樹の島として知られた屋久島には、杉として日本一の太さを誇る縄文杉以外にも、数々の有名な巨樹がある。縄文杉に至る大株歩道沿いには、縄文杉が確認されるまで最大とされた大王杉や高さ10mほどでお互いの枝で結ばれた夫婦杉、推定樹齢約2000年とされる巨大な切り株ウィルソン株などが点在する。

映画「もののけ姫」の舞台のモデルとして知られる白谷雲水峡には、弥生杉や三本足杉があり、ヤクスギランドでは仏陀杉、ひげ長老に会うことができる。また、山奥ながらヤクスギランドからクルマで15分ほどの車道沿いにたたずむ紀元杉は、一番気軽に目にすることのできる、名のある屋久杉だろう。

屋久杉の老杉たちとはたたずまいが全く異なるが、島の北部志戸子《しとご》にある古いもので樹齢500年以上とされるガジュマルは、横へ伸びていった枝から気根が垂れ下がり、それが地面に着くと徐々に太くなって幹となりを繰り返した結果、小さな森のようになった木々が連なり、亜熱帯のジャングルとなっていて一見に値する。

建具の素材としては最高と言われる島桑《しまぐわ》と日本髪用の櫛や印材、高級な将棋の駒の材料として珍重された黄楊《つげ》が、かつては御蔵島の命を支えていた。だから、森にある木々について島人は通暁《つうぎょう》しているが、あくまで有用材に関してだった。

20世紀末になり本格的な巨樹調査がはじまると、1997年ついに幹周13・79メートルという当時としては日本一のスダジイが発見され「御蔵島の大ジイ」と命名された。そのほかにも多数の巨樹が確認され、一躍巨樹の島として全国に名を馳せることになった。

発見から間もない頃、旧知の島人に大ジイまで連れて行ってもらったことがある。地盤が安定性に欠けるのか、板根が著しく発達したスダジイだった。

「こんな木があるとは、知らなかったんですか」

「知ってたよ。島の木は、全部知っているさ」

材として価値のなければ、島人にとって存在しないのと同じ。巨樹も素晴らしいが、島人の言葉にも大いなる説得力を感じ、深くうなずいてしまった。

集落近くのタンテイロの森以外の巨樹探索は、ガイドの同行が義務付けられている。現実問題として、ガイドなしに歩くことは難しい。宿や観光協会に相談すれば、目的に応じたガイドを紹介してくれる。予定が決まったら、早めに手配したほうが無難だ。

御蔵島のすぐ北側に位置し、ほぼ20年に1度噴火を繰り返している**三宅島**では、この数年巨樹が続々と確認され、ついに２０１６年には16年ぶりに新たな日本一のスダジイが発見された。御蔵島の大ジイが幹周14m弱だったのに対して、新発見のスダジイはなんと幹周19m以上というから、いかに大きいか想像できるだろう。

発見者の佐久間文夫さんが、「御焼の黄泉の椎」と名付けた。幹周が17m弱の日本で2番目に大きなスダジイも確認され「天空の見晴らしの椎」と命名されている。

２０１９年３月までに、三宅島で確認された巨樹は２５４０本を数え、今や日本一の巨樹の島となっている。三宅島の巨樹の特徴は、度重なる噴火によって幹や枝が激しく痛めつけられ、満身創痍になりながらもなお、力強く命脈を保っている点にあるという。

古来、**佐渡島**は杉の良木を産した土地で、長谷の三本杉（樹齢約１０００年、県指定天然記念物）や、いずれも市指定天然記念物である金峰神社の大杉、牛尾神社の安産杉、菩薩寺のしだれ杉などが昔から知られていた。

近年はそれらに加えて、洞爺湖サミットの会場に写真が展示され、急に注目を浴びるようになった杉の奇木の集中エリアがある。

新潟県有林の一角に、2011年5月オープンした大佐渡石名天然杉遊歩道周辺だ。オープンに先立ち、ひと際特徴的な姿の杉5本の名前が公募され、象牙杉、四天王杉、大黒杉、家族杉、羽衣杉と名付けられた。

冬は、大陸から吹きつける強烈な季節風にさいなまれ、さらに深い雪に閉ざされ、しかも年中霧に包まれた雲霧帯《うんむたい》という特異な自然環境が、個性的な奇木を多数生み出した。根付いた場所で環境に適応していく植物の逞しさに、驚かされるだろう。

その他にも、島で出会った印象深い巨樹をいくつか紹介しておきたい。

小豆島宝生院のシンパクは、応神天皇お手植えという伝承があり、それが本当だとすれば樹齢1600年以上ということになる。根元の一部は空洞になっているが、樹勢は素晴らしく老樹というより壮年期の巨樹という風格があった。最近はパワースポットとしても注目されているそうだが、感受性が鋭ければ何かを語ってくれそうだった。

志々島の大楠

小豆島宝生院のシンパク

また、まったく出自は異なるが、小豆島のヘルシーランドにスペインのアンダルシアから移送移植された、樹齢1000年のオリーヴの巨樹があり、一般に公開されている。オリーヴの島を象徴する存在といえるかもしれない。

小豆島と同じ香川県の**志々島**には、小島に似合わない堂々たる大楠が、島の天辺近くにそびえている。樹齢は推定1200年とされていて、四国全体でも屈指の巨樹、老樹だ。ここもパワースポットとして訪れる人が増えており、巨樹の根方で地元の人気ミュージシャンによるコンサートが開かれたこともある。

窪地に生えているため隣接する高台から樹冠を一望でき、海上から巨樹の全貌が望まれ、7月上旬頃大楠の周辺にウバユリが咲き乱れ、大地を這うような大枝を持つなど、他の大楠では見られない数々の特徴を持っている。

ことさら目を引くのは、ほとんどの大楠が岩の塊のようになった立派な根で大地をがっしりとつかんでいるのに、太い幹が地面からすっくと立ちあがっていること。かつて、大楠の周りには小さな集落があったが土砂崩れで埋まり、その時に四方に張った大楠の根も地にうずもれたという。

志々島のほぼ真北に当たる、真鍋島の属島**真鍋大島**で仰ぎ見た、全国屈指というイヌグス（タブノキ）も忘れられない。真鍋島の友人に潮時を見て連れて行ってもらった。急斜面をよじ登り、やっとたどり着いたイヌグスは神々しさすら漂わせていた。

隠岐島後の深山で巡り合った霧の中にたたずむ岩倉の乳房杉は、その名の通り見事な乳房（気根）がいくつも垂れ下がり、異界の存在に出会ったような感動だった。その他に、島後には玉若酢神社《たまわかすじんじゃ》境内にそびえる隠岐の最大のスギである八百杉やかぶら杉もある。

今から40年以上前、初めて**対馬**に渡った時に、厳原《いづはら》から上対馬に入った後、まだ車道がほとんど整備されていなかった東海岸をひたすら歩いて北上した。道路工事の進捗状況は思いの外悪く、山中で日がとっぷりと暮れ、行きずりの民家に泊めてもらったのは初めての経験だった。翌日また、ハイキングコースのような踏み跡をたどり、ようやく車道は通じている集落に到達した。なんとか、クルマをつかまえ、乗せてもらわなければ、対馬の北の要衝である比田勝にたどり着けない。

やっと通りかかって乗せてくれた軽自動車は、琴《きん》の集落に入ると突然交番の前にとまった。怪しい密入国者が多いので、旅行者が不審尋問されることもあると聞いてはいたが、ぼくは別に怪しくないよと主張しようとしたら、乗せてくれたのが非番の警察官だったと判明。要するに、琴集落のお巡りさんだったのだ。

そうやって辿りついた琴で、ひと際存在感を放っていたのが、日本で最古という大イチョウだった。各地の神社などで、イチョウの大木をしばしば見てきたが、琴のイチョウは迫力が違った。今になって考えると、大陸からの帰化植物であるイチョウが、日本進入の橋頭堡としたのが対馬であり、その先兵となったのが琴の大イチョウかもしれない。

最後は、**西表島**仲間川のサキシマスオウノキで締めくくりたい。遊覧船に乗って下船後すぐに対面できるが、初めて相まみえた板状になった根（板根と言う）は常識外れで、衝撃的だった。地盤が軟弱だったりで安定しない場所に適応した形だと聞いて、なるほどそうかと思ったものだった。

かつては、板状になった丈夫な根を利用して舵を作っていたと知り、納得した。天然の板を利用しないのはもったいない。ゼロから自分の力ですべてを生み出そうという意欲も大切だが、与えられたものの価値を最大限生かす姿勢はそれに勝るのではないか。

コラム❺

しばしば起きる航路の変更

最低限レールの敷設が必要な鉄道と異なり、規則さえ守れば航路は自由自在に変更できる。極言すれば水面はすべてが航路となりうるし、思考を世界へ向ければ海面すべてが世界の果てまで続く航路になる。法律に則った手続きを踏まなければならないので、船会社の一存で自由気ままに走り回れるわけではないけれど。

地元で日常的に使っている航路であれば、航路の改編やダイヤ改正は島人の生活と密接に結びついているので、船会社も早めに告知するし、大規模な航路変更は島人を対象に住民説明会が開かれることもある。しかし、なまじ時々使っている航路だと知っているつもりになり、ついつい古い情報に頼りがちだ。

自戒を込めて、最新失敗例を告白しよう。2019年1月、真鍋島（岡山県）の島宿三虎で主人の久一博信さんと酌み交わし、翌日スイセンが見ごろになってきた六島へ渡ろうと計画していた。家を出る前日、1日1便しかない六島行きの船は、真鍋発10時くらいだったかな、と思い出しつつ時刻表を調べて、我が目を疑った。

真鍋島と六島をつなぐ航路が、どこにも見当たらない。笠岡市に編入されるまで、六島は真鍋村に属していた歴史的な経緯もあり、かつて六島から笠岡へ行くには、一度真鍋に出て乗り換えなくてはならなかった。六島から真鍋島経由笠岡への直行便が運航されることもあったが、火曜日と金曜日や限られた一部の月曜日だけ。

六島の人たちは、笠岡への直行便を毎日運航してほしいと、何十年にもわたって要望し続けてきた。悲願がついに叶ったのは、2011年10月になってから。

それまで、笠岡諸島には三洋汽船が運航する笠岡から真鍋島までのメイン航路、豊浦汽船の飛島航路、六島航路という有限会社が運航していた六島航路の3航路が存在した。北木島や白石島と笠岡を結ぶフェリー航路もあるが、ここでは旅客船に絞りたい。

六島航路と豊浦汽船の航路を三洋汽船が引き継ぎ、航路を統合。地理的に近い六島と飛島の間に航路を開設するなどした上で大幅にダイヤを見直し、六島から飛島経由笠岡行きの直行便が、ついに毎日運航されるようになった。

それまで、六島の住民は笠岡と往来するのためには真鍋島で乗り換えなければならず、教師が島へ通勤することもできなければ、子どもたちが本土の中学校に通学することもできなかった。だから、六島の子どもたちは小学校を卒業すると笠岡の寄宿舎に入り、そこから通学することを強いられていたのだ。

これほど大々的なものは少ないが、航路変更は全国各地でしばしば行われてきた。六島でスイセン見物に話を戻そう。どうしても、伝統的な真鍋島―六島航路が見つからないので、船会社に問い合わせた。電話に出た女性が、「昨年10月のダイヤ改正で、なくなりました」と申し訳なさそうに、教えてくれた。真鍋島も六島も笠岡との結びつきが強まり、利用者は少なかったのだろう。何回か同航路を利用したが、いつもお客は少なかった。使うのは冬のスイセン見物客か島巡りの旅人くらいだったのだろうか。

当然のことながら、架橋によって航路やダイヤが変更されることもある。

2016年の夏に訪れた漁業が主産業の大多府島《おおたぶじま》（岡山県）では、前年対岸の頭島《かしらじま》まで橋が架かったことによる影響に頭を抱えていた。2016年秋、日生《ひなせ》から頭島までの定期バス路線開通に伴い、定期船の頭島寄港は廃止という新運航予定が、船会社から提示されたのだ。

　第三者から見るともっともな提案に、島人たちはひどく困惑した。架橋のお陰で、定期船で10分の頭島にクルマを置けば、かなり自由に行動できるようになったと感じていたからだ。漁師たちは、元々自分の船で日生まで行っていた。しかし、漁師の奥さんたちは、大多府―頭島間に8便ある定期船を利用して頭島へ渡り、そこから日生へ走るようになっていた。船で日生と往復しているのは、主に免許を持たない高齢者だけ。

　架橋に恩恵を感じていた大多府島は、改正案では自分たちが切り捨てられると異を唱えた。要望が考慮され、最終的に大多府から頭島へ午前2便、午後は頭島から大多府へ2便が確保されたと聞いたが、午前中にちょっと出かけて頭島経由ですぐ帰るとか、午後に頭島経由で日生へという芸当はできなくなってしまいそう。

　その後どうなったか未確認のままだったが、2019年3月現在大多府島から頭島へ午前午後2便ずつ、逆も2便ずつの計4往復が運航されている。これなら、対岸への架橋によって行動が自由になった島の奥さんたちも、喜んでいるだろう。

コラム❻

読み解けるか船の時刻表——寄港地と所要時間、運航曜日は要注意

島を紹介する文章を書いたのち、データとして面積や周囲、人口、所在地、見どころなどを付け加えることが多い。その時、表記するのに一番困るのが、本土から島までの所要時間だ。飛行機の場合は、ほとんど問題ないが、船だと一瞬筆が止まってしまいがち。大きい島の場合は、本土の何ヶ所かの港から、島にいくつもある港への航路のどれを選ぶか。同じ航路でも高速船とフェリーが走っている場合は、どのように取捨選択するのがベストなのか、迷う。スペースがあれば全部羅列する手もあるが、それでは却って混乱を招きかねない。どう記したら、読者に一番分かってもらえるか、誤解を与えないか悩む。

さらに難渋するのが、同じ本土の港と同じ島の港を結ぶ、同じ船会社の同じカテゴリーの船が就航しているのに、所要時間が大きく異なることが少なからずあること。

所要時間が変動する要因は、季節による利用者の増減、就航する曜日による違い、複数寄港する港同士の不公平感を減らすためなど、様々な事情が複雑に絡み合い、最終的な時

刻表が作られていく。列車やバス、飛行機にも、季節による変動や所要時間の差異はあるけれど、船ほど細かく複雑ではない。

それから、船の場合は年に1回1週間から半月間くらいのドック入りがある。安全確保のための定期検査なので、日頃就航している船はいなくなる。予備の船を使ったり、他社の船を借り上げて代船としたり、船会社が対応をするので欠航になることは稀だが、減便になったりその期間だけダイヤが変更になったりすることがあるので、要注意だ。

特に便数の少ない航路は、替わりがなくなるので、あらかじめ確認しておけば安心だ。夏場にドック入りすることはまずないが、他の季節はあると思っていた方が間違いない。

同じように厳しい自然環境の下にある鹿児島の十島航路と三島航路のように、ドック入りの期間はお互いに船を融通し合っているケースもある。例えば、フェリーとしま2で硫黄島に上陸するなどは、なかなかできない貴重な体験だ。ドック入りはかなり早めに分かるので、その時期に合わせて出かけても面白いかもしれない。

先にドック入りによる欠航は稀と言ったが、猫で世界の注目を浴びるようになる前の青島航路で、苦い経験をしたことがある。

翌朝の1便に乗るため、長浜に投宿。前日の夕方5時半頃に桟橋に行ったが、青島から戻っているはずの船がいない。嫌な予感が頭の中で急激に膨らみ爆発しそう。船会社に連絡しても、誰もいない。役場に確認すると、「船会社に聞いてくれ」。

翌朝、出航予定時刻の7時になっても、船は姿を見せない。いったい何が起きたというんだ。8時近くなって、やっと青島海運に繋がった。

「昨日4日からドック入りしてますから。8日まで」

10月にはドック入りはないと勝手に思い込んでいた自分のミス以外のなにものでもないから、文句も言えない。完敗だった。でも、もうひと粘り。

「代船は、出ないんでしょうかね〜」

「出ないですね〜」

島人たちは5日間籠城するか、あるいは自家用船で行き来するのだろう。

ほろ苦い思い出の青島は、現在も大きな問題を抱えている。猫見物客の増加による、乗船客の積み残し。そして、人口10人を切り島社会の存続が危うくなっていることだ。

2019年4月から9月までの東海汽船時刻表、それも高速ジェット船の東京・久里浜〜大島・利島・新島・式根島・神津島航路に限定し、さらに所要時間に関しては東京〜式根島に絞って分析（というより観察）してみよう。

半年間の運行期間設定は、15期間に分けられ、そのうち4期間が同じダイヤを共有しているので、表記上は11期間になっている。そして、東京竹芝桟橋から式根島までの所要時間は、最短は2時間40分で、間に2時間45分、3時間5分、3時間10分、3時間15分と4つもの異なる所要時間が挟まって、最長は3時間30分。

首都圏という日本最大の人口を抱える地域の需要に対応すべく、利用者と船会社の両者にとって、どういうダイヤを組めば最も効率よく人を運べるかを追求した結果だろう。極めて細分化された、複雑なダイヤ構成になっている。

ただし、自分が利用する日と区間がはっきりしていれば、自ずとダイヤが決まってくるから、単純なダイヤと見ることもできる。逆に、連休明けか6月くらいにどこか伊豆諸島の島へ行ってみようかなどという、漠然とした条件で調べようとすると敷居が高くなる。

人気の鹿児島と屋久島（宮之浦）を結ぶ高速船の所要時間も、経由地や便が異なると最短1時間50分から最長3時間とかなりの違いが出る。所要時間が3時間もかかると、運賃が高速船の約半分でゆったりとしたパブリックスペースがあり、デッキに出て自由に歩き回り周辺の景色を堪能できるフェリーと、どちらにしようか迷ってしまう。

一時は移住者が漁家民宿をはじめ、その家族の子どもたちが島から通学できるようにと島を挙げて話し合い、船のダイヤまで変更した安居島《あいじま》（愛媛県）。そこまでしたが、諸事情があり島の人口の3割を占めていた大家族6人が島を去り、旧の木阿弥に。島に宿がない上に、基本は島を起点に1日1便なので、野宿でもしない限り島へ行くことができない。

しかし、水曜日と毎月第1土曜日、そして夏季期間のみ2便就航するので、行ってくることが可能になる。また、宿がないからといって諦めることはない。安居島も予約をしておけば地区集会所に泊まることも可能なようなので、地元の人に相談するといい。大家族が島で家を購入し「漁家民宿おかざき」をはじめたと知り、泊まりに行ったことがある。彼らが島を去ったと聞いた時は、ある程度予測できたこととはいえ落胆した。

ＪＴＢ時刻表の索引地図を見ると、幾つもの島を経て中国と四国を結んでいる航路が、一つだけ記されている。三洋汽船の笠岡—多度津航路だ。しかし、油断してはいけない。

時刻表の注記を見ると、笠岡諸島南端の真鍋島と佐柳島の間は、土曜日のみ運航とある。要するに、週1便しかないのだ。かつては、毎日あった便が徐々に減り、ついに1便になってしまったのだが、逆に考えるとまだ1便残っているのは驚くべきことだ。

佐柳島―真鍋島間は何回か乗っているが、他に客が乗っていたのは1回くらいか。それなのに、なんで運航を続けているのか船の人に聞いたところ、貨物の需要があるから。品物によっては中国より四国の方が安いものがあるため、笠岡諸島の人が四国から仕入れているという。個人的に購入しているのか、商店が仕入れているのかなど、細かなことまで追求できなかったが、笠岡諸島の人口も店も減り続けていることを考えると、遠からず幻の航路になってしまうかもしれない。

第四章

行きたてホヤホヤ島旅紀行

著者が過去1年間の間に巡った島旅を紹介。
難易度に応じて【初級】【中級】【上級】に分けているので、
ぜひ皆さんの島旅の参考に。

淡島《あわしま》（静岡県）　初級

思いつきでちょいと立ち寄り島旅を

本著の原稿を書き上げるため、3月はできるだけ遠出を控えていた。だから、2016年10月からなんとなく続いてきた月に最低でも1島が、今月で途切れるかと思われた。母の米寿記念に1泊2日ででかけた西伊豆温泉旅行は、両日とも雨に祟られる予報。しかし、2日目の昼過ぎまで悪天候の予報は、前夜になると朝までに峠は越しそうになり、翌朝目が覚めると雨は上がり青空ものぞいている。これから天候は急激に回復に向かうという、願ってもいない予報だった。天の采配に違いない。どうせ沼津から東名に乗るのだから、淡島に寄っていこうと提案し、家族一同で島旅を楽しむことになった。

対岸から見た淡島

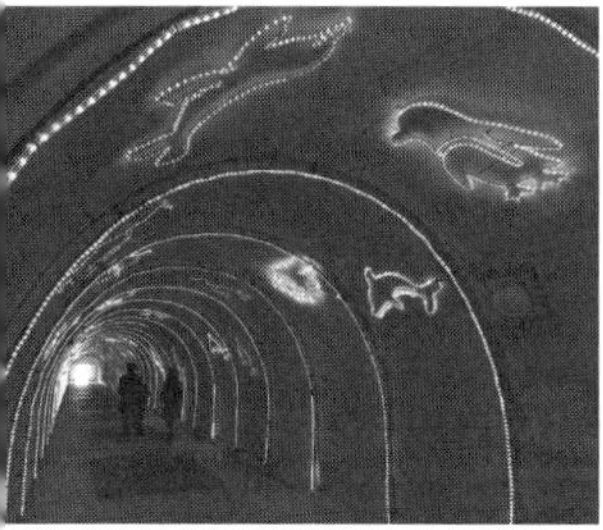

淡島ホテルの裏のトンネルにはイルミネーションが

沼津南部の内浦湾に差し掛かると、すぐ目の前にぽっこりと浮かぶ淡島が見えた。近いところでは、本土と200mも離れていないのではないか。あわしまマリンパークに行くのだと告げて、駐車場にクルマを入れたが、500円請求され、ちょっと不満。

入園券を購入して船乗り場へ向かうと、対岸の淡島からかわいらしい水色の連絡船が戻ってきた。船体は女の子たちのキャラクターで占領されている。聞けば「ラブライブ！　サンシャイン!!」に登場するアクアというスクールアイドルグループのキャラクターたち。

淡島が舞台になったことがあり、マリン

パークもコラボしているという。その後、淡島のいたるところで、このキャラを見かけた。知る人ぞ知るなのだろうが、こんなことでもないと一生知らなかったかもしれないキャラだ。

母も久しぶりの船旅だと、楽しそう。船で島へ渡るのは、何歳になっても興奮するのだろう。嵐は早々に通過してくれすっかり青空になったが、風は強いままで海には白波もたっている。湾奥なので、船はそれほど揺れはしなかったが、舳先ではしぶきが上がっていた。目と鼻の先の桟橋ではなく、奥にある淡島ホテル前の桟橋に接岸した。

パンフレットには本土に面した東側の施設周辺図しか載っていないが、周囲約2・5キロ（1周30～40分）と記されているので、まず一巡りしてみよう。ホテルの手前に口を開けたブルーケイブというトンネルに入ると、青いLEDのストライプが壁面を覆い、色とりどりのLEDで描かれたイルカやペンギン、ヒトデがお出迎え。それが反対側の海まで続いているだけなのだが、なんだかうきうきした気分になってくる。ポッカリと開けた彼方の出口では、真っ青な海で白波が躍ってた。

トンネルを抜けると、海岸沿いの遊歩道に出た。波が、時々遊歩道まで噴き上げてくる

旧海軍の桟橋が残る

獅子岩。縄文海進による浸食でできた地形

のだろう。遊歩道がところどころ濡れている。出口のわきの岩肌は柱状節理《ちゅうじょうせつり》で、淡島は小さいながらも火山由来の島であることを窺わせる。扇岩と名付けられた柱状節理の岩は、かつて久能山《くのうざん》東照宮の石材や城の石垣などに使われたという。

出口正面の広い一角は、手前がヘリポートで奥の海へ突き出した桟橋は、旧海軍が潜水艦を探知する兵器を実験するために使用していたもの。旧海軍の音響研究部門が沼津にあり、淡島は関連の実験場になっていた。人間魚雷回天の発射実験もされていたという。淡島ホテルにとって何の役にも立っていないように見える、立派なトンネルも軍が作ったものだろう。ふと、大津島の回天発射訓練基地跡の面影と重なった。

家族と別れ一人で遊歩道を一周する途中、波蝕によってできた奇岩ライオン岩などがあり、縄文海進によって形作られたという解説が付してあった。読み解く心構えがあれば、さもない小島でも饒舌に語りはじめてくれる。

日本一のカエル館、水族館の前を通過し、売店で施設周辺を散策していた家族と合流。みんなで、水族館に入る。エイやらサメが泳ぐ水槽を、老いた母が意外にも興味深そうに見ている。大きな水槽の前で、水族館の担当者が「お魚の解説」をしていた。途中から加わって、話を聞く。生態などを説明してもらうと、魚を見る目が違ってくる。

深海魚の本場らしく、2階は深海魚コーナーになっていて、不思議な形の魚やエビが水槽でうごめいたり、じっと動かなかったり。一番奥には「ふれあい水槽」があった。韓国では愛好されているのに、日本では秋田県の一部くらいでしか食されてないヌタウナギや全身をトゲで包まれたイガグリガニなどに触れることができた。これも得難い体験だ。

規模は小さいながら工夫が詰まった水族館で遊んでから、イルカプールの沖に浮かぶレストランへ。メニューの名前が色で、メインは丼物が8種類ほど。頼んだブラウンは、エビフライとイカのリング揚げがのったカレー。ちなみに、レッドはマグロの赤身丼で、ピンクはネギトロ丼だ。これも、何かのキャラを意識した命名か。

食後はイルカショーを見物してから、最後に日本一のカエル館に入ってみた。日本一とはいえ所詮カエルと大して期待していなかったのだが、これにけっこうはまった。カエルが飼われている大きなケースの中を目を皿にして探すのだが、なかなか見つけられない。木の洞に隠れていたり、葉っぱや木の肌に溶け込んでいたり、思いがけずケースの天井の隙間に潜っていることもあり、見つかるとちょっとした達成感を味わえる。真っ赤、真っ黄色、空色など、日頃目にしない色鮮やかなものも多い。ついついカエルの写真をたくさん撮ったのは、無意識のうちに心惹かれるものがあったのだろう。

水族館前の船着き場から乗ろうとしたら、風が強いのでホテル前から出発するという。ホテルの方を見やると、彼方に到着した時は雲に隠れていた富士山が山頂以外姿を現し、その左手に雪をかぶった南アルプスの山々が連なる雄大な眺めが広がっていた。

ペンギンプールやカメプール、アシカやアザラシのプールを横目にホテル前にたどり着き、連絡船に乗り込む。淡島での滞在時間は2時間半ほどだったが、１８００円で船旅も

帰る頃になって富士山（正面）が見えてきた

ショーも、見学や体験、そしてカエルまで楽しめた盛りだくさんのミニ島旅だった。

意外に楽しかったカエル館

加計呂麻島《かけろまじま》(鹿児島県)　中級

真冬の真夜中の潮干狩りと旬の新糖

潮時がよさそうだ。

じゃ〜、ちょっとサンゴ礁の浜辺へ潮干狩りに行こうか。

などという離れ業ができるようになったのも、ＬＣＣのおかげだ。

今日思いついて明日旅立つことになると必ずしも安くはないが、早目に旅程を組んでおけば、正規運賃よりさらに安いバーゲンチケットを確保する余裕もできる。

今回利用したバニラ航空（２０１９年中にピーチ航空と統合予定）の成田―奄美は、往復で７９２０円（正規の最安値は、往復１４７２０円から）だった。一方、東京駅からＪ

Rの新幹線で奄美方面を目指すと、豊橋ですでに8290円。それも、片道で。LCCが、いかに破壊力のある運賃設定をしているか分かる。

潮干狩りというと、春の陽だまりの中をさまよいながら、一面潮が引いた見晴るかす砂浜で、熊手を使い砂を掘り返してアサリやハマグリなどを見つける、というイメージが強いのではないだろうか。少なくとも、ぼくが子どもの頃の潮干狩りはそうだった。

日本の南を豊かに彩るサンゴ礁の海を知るまで、潮干狩りは春先の日中と思い込んでいた。ところが、40年以上前の学生時代、初めて与論島を訪れた時、潮干狩りに衝撃を受けた。いくら南の島とはいえ、冷たい季節風が吹いている12月、それも真夜中に行くというではないか。でも、そんな謎の潮干狩りなら参加せずにはおられない。

片手にバケツ、もう一方には独特の臭いを放つアセチレンランプを持って、潮の引いたサンゴ礁の海に繰り出した。月明かりに浮かび上がる幻想的なサンゴの森の妖しさに眩きながら、サンゴ礁の縁までたどりつき、今度はおびただしいサザエに目を見張った。1時間足らずで、バケツはサザエでいっぱい。こんな潮干狩りもあり、と認識を改めた。

その後、春は昼の潮がよく引く一方、冬は夜の潮が大きく引くと知った。だから、サンゴ礁の海でなくとも海辺に住む人たちは、春は昼に、冬は夜にイサリ（イザリとも）をする。イサリは漢字で書けば漁りで、魚介類を漁《すなど》ること。貝ばかりでなく、穴に潜むタコやイセエビ、潮溜まりに取り残された魚なども獲る。

年に何回か通っている加計呂麻島へ、今回は潮干狩りをするために出かけた。

到着した2月19日は、旧暦の1月15日で大潮。1年でも一番潮位が低くなる日の一つだという。最も引く時刻が、夜中の1時過ぎなので、常宿を出発するのは0時頃。

「お酒は、ほどほどにしておかないと。今晩は、人が多いから時間が経つのも早いね」

などと言いながら、宿主や相客と他愛もない話で盛り上がり、時間は流れていく。

真夜中近くなって、軽くて高性能のヘッドランプを着用し、長靴をはいて、貝を摘まむための長いトングと獲物を入れる網袋を用意した。

午前0時ちょうど、クルマは装備を整えた我々を乗せて目的地へ向かう。於斎《おさい》を通り抜けたあたりで、クルマがとまった。ここから、海へ降りる。潮はすでにかなり引いて、日頃は海底の砂原も月明かりに照らし出されていた。

今日の主な狙いは、テラダ。標準和名は、マガキガイだ。長さ数センチほどの、細長い

加計呂麻島で真冬の真夜中に潮干狩り

テラダと貝殻がきれいなチョウセンフデガイ（右）

巻貝で、とても美味しい。貝が好きな人なら、誰でもすぐに魅せられるだろう。内側がオレンジ色した貝殻も美しく、貝細工に使われることもしばしば。英語名は、ストロベリー・リップド・コンク。苺色した唇の巻貝、といった意味合いで、言い得て妙。また、カタツムリのような目をもっていて、きょろりとのぞく目の表情がユーモラス。

房総半島から南の各地に棲息するが、好んで食べている地域は太平洋側に多いような気がする。広く流通することはないが、食べる地域ではどこでも人気の高い貝だ。恐らく、ほとんど地域内で消費されるので、他地域へ流出しないのだろう。

同じ奄美大島でも、南部ではテラダだが、北部ではトビンニャと呼ぶなど、地域名にバリエーションが多く、食材としても注目度の高さをうかがわせる。

0時10分。すっかり干上がった砂浜に降りると、宿の女将の方からすぐに、コトッ、カタッ、コタッという音が、聞こえはじめた。プラスチックのバケツに、貝を放り込む音。

ええっ、この辺にそんなにいるのと思いながら、まばゆいヘッドランプに照らされた海底を凝視すると、砂と同じ色したテラダが浮かび上がった。

長いトングで摘まんで、網袋の中へ。コタッ、という音がせず寂しい。長いトングを使うと、あまり腰を曲げずに済むので楽。凄腕ハンターの女将が考案した手法。必要は発明(着想)の母とは、よく言ったものだ。強力なヘッドランプもありがたい。

砂を被って分かりにくいが、テラダは顔見知りの貝だ。目が慣れ一度見つかると、次々に目に飛び込んでくる。狭い場所に数個集まっていることも多いので、一つ見つけたら立ち止まって周囲を見回すと、幾つも獲れることもある。女将の方から聞こえてくるカタコトは、ペースが落ちることがない。

小さな岬のようになった岩場を回りこみ、貝を拾いながら隣の集落の方へ向かう。そのあたりから、急にテラダの姿が少なくなった。にもかかわらず、女将の方からは断続的にカタコトカタコトと響いてくる。

女将は、潮が引いて深さ20センチくらいになった海にも踏み込んでいる。カタコトの間隔が耳に聞こえて（目に見えて）狭くなった。そろそろ最も潮が引く時刻だ。これから海中が狙い目らしい。と判断して、海のやや深みに入ると、右の長靴の中がにわかに冷たくなった。どうやら、長靴の側面に穴が開いているらしい。う〜ん残念と思いつつ、かなり重たくなった網袋を引きずるように浜に戻り、探し続けた。

途中、女将が採った分をこちらの網袋に移していいか聞かれたので、断った。

「こちらもけっこう重たいので」

網袋が重さで伸びて貝が溜まった部分が砂原に着いてしまい、邪魔くさくもあった。

潮が満ちはじめた2時頃、今夜の潮干狩りは終了。それが普通かと思ったら、お客が一緒だったので早々に引き上げたのだが、女将や島人だけだったら、夜が白むまで漁り続けることも稀ではないと聞いて、改めて島の生活の一部になっているのだと感心した。

宿に戻ってから、女将が嗤いながら言った。

「重たいっていうから、どれだけ拾ったかと思ったら……」

……には、「これっぽっちで」が入るに違いない。

それでも、ぼくは同行した友人の3、4倍は拾ったはず。

遠く離れていて気付かなかったが、宿の主人は頭（胴）から足の先まで1m近いタコを捕まえていた。見つけた時にすぐに突いて警戒させてしまったため、引きずり出すのにずいぶん手こずったらしい。

3時過ぎに寝て、8時頃起きだすと、主人がイサリに使った道具をきれいに洗い終わったところだった。島人は働き者が多いが、じっとしていると倒れてしまうのかもしれないと思うほど、ここの主人はよく動く。

朝食がはじまると、女将がテラダを大鍋にいっぱい入れ、海水でゆではじめた。湯につかっているテラダをのぞくと、尖ってギザギザした蓋が開き、きょろりとした目玉が力なくはみ出していた。ちょっと可哀そうだが、それ以上にうまそう。

朝食を終えてから、ゆでたての熱々をつまみ上げると、ぬめりがつつーっと糸を引いて垂れた。ゆでたての何がうまいかといえば、とぅる〜りとしたぬめり、それから身の濃厚な旨みと貝に含まれるとぅるんを凝縮したようなワタ（しっぽ）、とぼくは思っていた。
撮影を済ませたゆでたては、もちろんイタダキマス。ぎざぎざの尖った蓋だけ毟《むし》り、まずとぅるんとしたワタを、やさしく引きちぎる。そっと噛めば、味わい深いぬめりとうまみの詰まったワタが混然となり、口がテラダになってしまったよう。続いて、残ったきれいなピンク色の身を噛みしめると、ほのかな甘みとうまみが広がる。この味だよ、うまいな〜。口の中を支配する貝の滋味に神経を集中し陶然としていたら、一撃を食らった。

「えっ、そこを食べたらいかんよ」

ぼくの行動に驚いた宿の主人から注意されて、こちらはもっと驚いた。

砂も吐かせていないし、なによりもワタは食べるべき部分ではないという。料理上手の女将も主人とまったくの同意見で、深くうなずいている。テラダ好きの美猫ミイも身は喜んで食べるが、ワタは見向きもしないと、追い打ちをかけてきた。確かに、かすかに砂を感じたが、味はまた別だ。美味として人気の高いマガキガイの真骨頂は、ゆでたてのとろみに包まれた身とワタにある。そう信じていたので、衝撃的な忠告だった。

奄美や沖縄の宿や居酒屋で、マガキガイは貝殻に入ったまま供されるのがふつうだ。中

テラダをゆでる

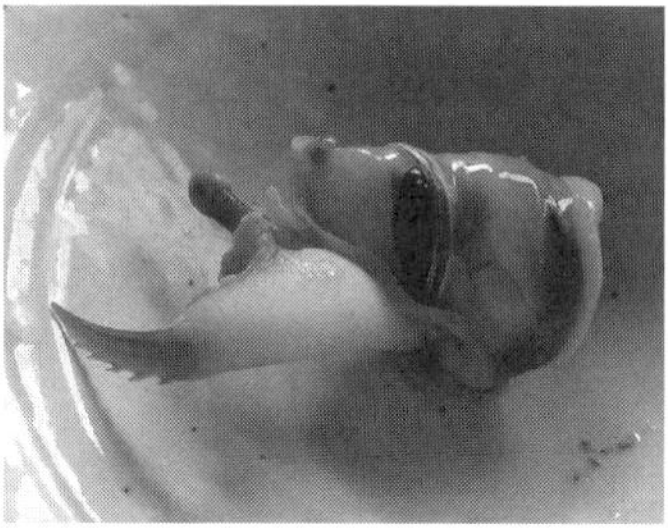
テラダのむき身

身は自分でほじくり出し、身とワタを食べる。ただ、多くはゆでて冷凍保存しておいたものなので、ぬめりが弱く風味にも乏しい。久々の美味なるマガキガイは、一瞬色あせた。
ゆでたテラダがかなり冷めたところで、主人と一緒に下ごしらえの開始。屋外の調理台で、テラダの身を抜き取っては蓋とワタを取り除き、さらにぬめりをていねいに洗い流していく。ぬ、ぬめりが、流れていくと惜しみつつ、時々ぬめぬめテラダを摘まみ食い。うまい……。主人は、またそんな食べ方をしてと、顔をしかめる。
ミイが、私のテラダはどこ？　という顔をして調理台に飛び乗った。主人がすかさず、きれいにした身を与える。一瞬にして、ペロリ。そりゃー、頬っぺたが落ちるだろう。脇から、ぼくが特上のワタを放る。ミイは、こちらもペロリ。あれ、見向きもしないんじゃなかったっけ。主人も本気で驚き、女将に大声で報告している。

「ミイが、ワタを食べている！」

どうだミイ、ワタはうまいだろうと、もう一切れ。ミイは、パクリ。

どさくさに紛れて、ぼくも洗わずにワタがついたままを、とぅるるんぺろり、うまい。

主人が、またぞろ呆気にとられた顔をする。なんだか、ゲームをしているような気分になってきたぞ。そのうち、ミイがワタを無視。主人が、そうだろうという目つきで、きれいに処理した身をミイの口元に置いたが、食べずに調理台から飛び降りた。とりあえず、グルメ猫のミイ様は満足したらしい。

大鍋一杯分のテラダを処理し終え、思い切り貪《むさぼ》ろうということになった。まだ朝だけれど、ビールは欠かせない。なんという贅沢。この自堕落な行為が、テラダの味を否応なしに深めてくれる。きれいに処理されたテラダから、貝らしいコハク酸のうまみが、噛むほどにあふれ出る。でも、ぬめりが残っていたら……、と思いながらビールを飲み干した。

朝から背徳のテラダを楽しむうちに、タコの釜茹でがはじまろうとしていた。テラダをゆで上げた大鍋に海水を張って沸かし、そこへたっぷりの塩で揉んだタコを足先から入れていく。熱い潮湯に全身が浸かると、タコの足はくるんと丸まりかえった。そのまま冷えるのを待って、好きなように刻めば、タコ刺しの一丁上がり。

テラダの妙味に溺れて気が抜けてしまったが、女将にきび酢ともち糖を買いに行かないかと誘われて、ちょっと目が覚めた。

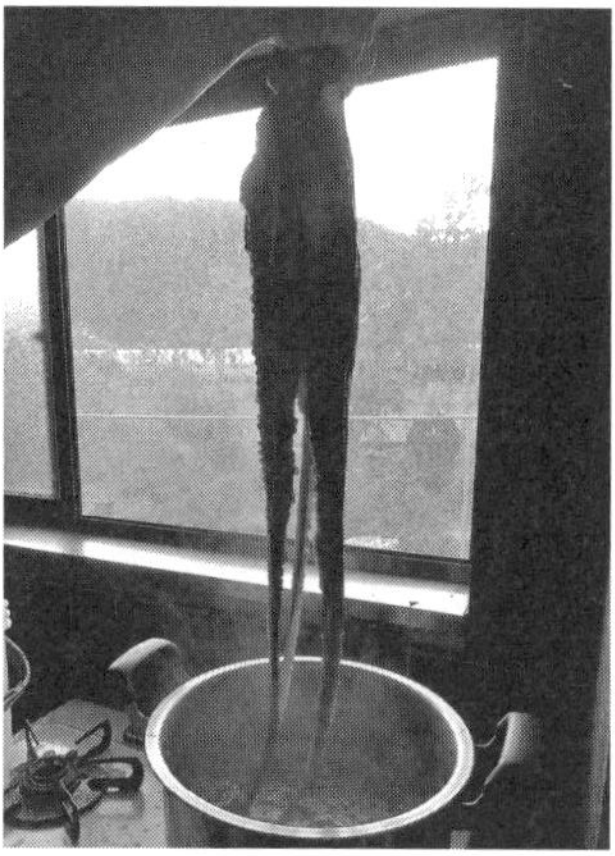
潮干狩りで採ったタコをゆでる

サトウキビの絞り汁を島つきの常在菌に頼って自然発酵させたきび酢は、加計呂麻以外ではできない貴重品だという。ミネラルが多く健康や美容にもいいと、人気が高まる一方の酢だ。ふつう売っているのは調整したきび酢だが、原酢を手に入れるつもり。

もち糖は、ほとんど流通しないもっちりとした柔らかい黒糖で、本当においしいもち糖は地元でもなかなか手に入らない。また、製造元によって驚くほど食感や味わいが異なるので、商品名だけで判断するともち糖を見誤るかもしれない。もっとも、先にテラダの食べ方で触れたように、味の好みは千差万別なので一方的に押し付けはできないが。

潮干狩りに出かけたのとは反対側の佐知克《さちゆき》に入ると、集落の端の方で黒灰色の煙がもくもくと勢いよく立ち昇っていた。

「運がいいね。ちょうど作っているみたい」

村を通り抜けたはずれの一角は、人と湯気と煙で活気にあふれ、甘ったるい匂いが満ちていた。地元では砂糖造りをする1月から3月にかけてを製糖期と呼ぶが、その間ずっと造り続けているわけではない。小さな製造元になると、サトウキビの刈り取りから製品の袋詰めや発送まで自分たちでする。だから、砂糖造りばかりしていられないのだ。

サトウキビを山積みしたトラック、地面のパレットに積み上げられたサトウキビの向こうで、若者がサトウキビを1本1本圧搾機に挿入していた。

サトウキビの搾汁を、ていねいにアクを掬《すく》いながら煮詰め、凝固を促すため食用石灰を混ぜ、激しく攪拌《かくはん》すると固まって純黒糖ができあがる。バガスと呼ばれるサトウキビの搾り滓《かす》は、煮詰めるための燃料として利用され、無駄にはならない。

昔ながらの雰囲気を残す砂糖小屋（製糖工場）の前には、大量のアクが置いてあった。これも、サトウキビの肥料として利用するという。小屋の中は湯気で閉ざされ、見通しが悪い。二つ並んだ四角い大鍋の下からは、激しい熱気が伝わってきた。過酷な労働環境の下で働いているのは、大半がお年寄りだ。風が吹き込むと、一瞬全貌が姿を現す。

一番奥の大きな鍋のような装置を取り囲み、3人のぞき込んでいた。撹拌機らしく、金属製の腕が粉状になった黒糖の中で激しく回転している。サンザタ（粉黒糖）を作っているところだった。「サタ」は砂糖のことで、サンは「散」ではないかと想像しているのだが、サンザタはサンザタで、漢字表記は分からない。

粉状なので溶けやすく料理に使ったり、餅につけて食べたり、コーヒーなどに入れてもいい。一方、塊の黒糖はお茶請けとして愛好されている。

「今年はなかなか糖度があがらなかったから、これが初めてのサンザタさ」

西風が吹くと、白っぽいいいサンザタができる。今日はいい風が吹いているらしい。

その後に立ち寄った港の物産販売所の人が、今年はまだサンザタが出てこないと嘆いて

黒飴のようなガンザタ

砂糖小屋と積み上げられたサトウキビ

いたので、今日造っていたと伝えると、顔をほころばせた。いつできるかと聞いてくるお客さんが、けっこういるらしい。待ち望まれているサンザタは、幸せなるかな。

さらに、黒いどろりとしたガンザタも味わった。黒糖を製造する工程でできる飴状の熱々黒糖で、冷めてくると固まってカチンカチンになってしまう。純度100%の黒糖飴とでもいえばいいか。だから、勝手に漢字を当てると岩砂糖。愛好者がいるので、これも他所でわずかながら商品化されているが、硬い岩状になってしまうと厄介なので、固まり過ぎないようはちみつを加え、水あめ状態で販売されている。

隣接するきび酢の発酵施設も見学したかったが、油断して朝食に納豆を食べてしまったので、立入禁止。強力な納豆菌が、酢酸菌に悪さを働く可能性があるからだ。

もっちりしっとりしたもち糖と蔵出しそのままの原酢を購入しようと売店へ行くと、奥ではできたての黒糖を袋詰めしているところだった。こちらは、若い人が多い。大半が、加計呂麻へ移住してきた人たちだという。

現金収入源の少ない島では貴重な働く場所であり、一方人手を多く必要とする製糖工場からすると大切な労働力となる。細かな人間関係など知りようもないが、雇われる側も雇う側もお互いに必要としあう、居心地のよい職場のように感じられた。

真っ白な精白糖は半永久的にもちそうだが、女将によると純黒糖には旬があるという。

「一番おいしいのは、できてから半月くらい。せいぜい1ヶ月だね」

純黒糖なら、きっとそうだろう。確かに古くなると、格段に風味が落ちる。

冷蔵しておけばしばらくもつが、旬の味わい深さを楽しみたかったら、新鮮に越したことはないという。また、作り手が変わると味が大きく変化することもあるらしい。

港近くの物産販売所で、ウブス（スマ）に遭遇して迷わず買った。カツオによく似た姿で、脂がのっているとかなりうまい魚だ。将来のエースとして愛媛県では、養殖もはじめたようだ。冬に大島海峡へ入ってきたものは、とてもうまいと聞いたことがある。

宿に戻ってから、さっきゆでた地ダコとウブスでまたビール。地ダコはほどよい歯ごたえで、塩加減もちょうどよく、噛むほどにうまみがにじむ。シビ（キハダマグロ）と同じ値段だったウブスは、悪くはないがそれほど感心できなくて残念。6月の梅雨時のウブスが最高と聞いたことがあるので、次回はウブス狙いで加計呂麻に来ようか。

真冬の真夜中の潮干狩りが目的だったが、思いがけず製糖工程も見学できて充実した旅となった。島旅は夏の物という印象が強いが、今回の加計呂麻島のように、島にも冬ならではの楽しみがたくさん待っている。

黒島《くろしま》（岡山県）　中級

無人島化したのに渡りやすくなった

それまで行きにくかった島が、突然行きやすくなることが、たまにある。
2019年の島初めで訪れた、昨秋無人化したばかり黒島がそうだった。有人島時代も島人は自家用船で対岸の牛窓と往来していたので、定期船はなかった。隣の前島の人によれば、黒島は一番人がいた時でも6世帯30人だったという。本土から船で5分ほどの少人数の島へ、定期航路を開設するのは難しい。

アサリがいくらでも湧いた30年ほど前までは、潮干狩りの季節になると牛窓から黒島へ渡す船がたくさん運航して賑わっていたが、アサリが姿を消すと船も通わなくなった。だ

から、10年以上前に初めて訪れた時、1人で釣船をチャーターして渡った。

その当時、2世帯まで減っていたが、島の斜面は青々としたキャベツ畑で覆われ、そこはかとない活気を感じたものだった。

他に印象に残ったのは、岡山県青少年の島キャンプ場と西海岸の沖に連なる中ノ小島と端ノ小島と黒島を結んでいた砂洲。キャンプ場には、電気、ガス、水道、そしてトイレもない。携帯用トイレを持参して、使用後は持ち帰るワイルドなシステムだ。

小豆島のエンジェルロードを小ぶりにしたような砂洲は、後から考えるとちょうど干潮時に行き合わせたおかげで、拝むことができ

黒島（手前）と砂州でつながる中ノ小島

たらしい。思いがけず沖の島まで歩いて渡れ感動したが、ぼくの場合は少し雑誌に書いたくらいでおしまいだった。

しかし、対岸の牛窓にあるホテルリマーニは目のつけどころが違っていた。牛窓の新しい魅力を探す中で、ホテルの沖に見える黒島と中ノ小島をつなぐ海の道に着目した。

2011年7月、黒島へ渡り砂洲を歩くツアーをはじめたところ反響があったので、海の道の愛称を募集。ヴィーナスロードが誕生する。単なる砂洲が、フレッシュな観光地に生まれ変わった瞬間だった。その後、徐々に認知度が高まり、瀬戸内を根拠地とするアイドルグループSTUのミュージックビデオに使われたり、ドローンの映像が広く紹介されたりして、人気に拍車がかかりはじめているらしい。

本土や大きな島と小島の間にできる砂洲は、小豆島のエンジェルロードにしても鹿児島の知林ケ島《ちりんがしま》（まだ砂洲に愛称はない）にしても、2つをつなぐイメージがあるからか、恋人の聖地などと呼ばれがちだ。それを否定するわけではないが、海でもあり陸でもある不思議な空間を、独りぼっちでぶらぶらと歩くのも悪くない。

2019年1月、牛窓の前島《まえじま》まで行く機会があった。もう一度、ヴィーナスロードに変身した砂洲を歩いてみたくて調べたところ、潮が合わない。干潮時だからといって、毎日ヴィーナスロードが現れるわけではない。

船を出しているのはホテルリマーニだけだと思っていたら、前島フェリーも渡してくれると分かった。前島へ行ったついでに、ちょうどいい。ヴィーナスロードではなく、最後の2軒が高齢化のため島を去り、無人島になった黒島を歩いてみよう。

島人の生活と直接関わりがなかったものの、島の訪問者がどんどん増えている時に、無人化を余儀なくされるとは、世の有為転変を想わざる得ない。

前島フェリーのボートが接岸した黒島の桟橋は、だいぶ傷んでいた。無人の集落の中に入っていくと、一番手前に現役の畑があり、そら豆やエンドウが植えてある。住居は本土へ移したが、故郷である島へ通って畑づくりは続けているのだろう。その一角だけは人のぬくもりが感じられて、心が和んだ。

しかし、かつて目を見張った海に浮かぶキャベツ畑はすっかり変わりはて、全くの荒れ地になっていた。以前歩いた時には感じなかったが、畑まで登る坂道がかなりきつい。自分の体力が衰えたからだろう。カメラしか持たずに肩で息をしているのだから、はるかに

上陸してすぐのところに畑があった

高齢の人たちが、ここを往復するのは大変だったに違いない。農機具を使っても、重量野菜のキャベツと取り組むのは、過酷きわまる重労働だっただろう。

一部の生活道は、イバラや巨大なススキのような植物で覆い尽くされ、素手では通行不能になっていた。人が住んでいる頃から、雑草が繁りはじめていたのだろう。

荒れ果てた畑や荒廃が進みゆく集落跡に、一抹の寂しさを感じる。しかし、小離島での労苦から解放されたに違いないお年寄りたちは、ホッとしているのではないか。

勝手にそんなことを思いつつ、前島へ戻るボートに乗った。

大島（東京都）初級〜上級

期待をいつも裏切らない奥深さ

2018年の島旅は、伊豆大島（以下、大島）が締めくくり。

かつて、大島は面白みに欠ける島だと思っていた。

最初に訪れた時、滞在時間がなく元町周辺を少し歩き回っただけだったからか、旅好きの友人から日本三大がっかり観光地（もちろん、実際はそうではない）の一つだといわれたからか。なぜそう思い込んでいたのか、理由は忘れてしまったけれど。

最近は大島を訪ねる時、どんな発見があるのだろうと、ひそかに期待して船に乗る。

そして、嬉しいことにいつもそれに応えてくれるのが大島だ。

今回の目的は、久しぶりに三原山に登ること。しばしば噴火を繰り返している標高758mの活火山だが、バスの終点三原山頂口から舗装された遊歩道をたどり、2時間で往復できる。夏は、ビーチサンダルで登る若者がいるくらい道は整備されている。

これまで元町から山頂まで歩いて登ったり、周辺の裏砂漠をのんびりさまよったり、独りでいくつかのルートを歩いてきたが、初心に帰って案内してもらうことにした。

そこでガイドをお願いしたのが、ハイキングガイドカントリー&ライフ日比野岳さんだった。その後、この4月に八丈島へ引っ越し、同じような仕事を続ける予定だという。

勧められたのは、大島温泉から裏砂漠を抜け、三原山の東麓を巻いて三原山山頂口まで至るコース。事前の説明に、知らない地名がいくつも出てきて期待が高まる。

ツツジ園の先に広がっていた株立ちの木が大半を占める樹海、遊歩道の脇に転がっていた人間の数より増えてしまったキョンの頭蓋骨、側壁から水蒸気が噴出している涸れた渓谷、グランドキャニオンの一部かと見紛う大峡谷・赤だれ、昭和10年から稼働して一世を風靡したが戦争で廃止になった滑走台跡、大雨の後などカルデラ内の平原に出現する幻の池（これは話だけ）、必殺・必勝・皇紀二千六百五年と刻まれた巨岩、溶岩流出防止用の

大島温泉と砂漠を結ぶ遊歩道

最近注目されつつある赤ダレ（大峡谷）

堤防などは、初めて目にした。どれもが、今回の発見といえるだろう。大手食品会社に勤めた後、ファイナンシャルプランナーを経て、現職にたどり着いたという日比野さんのガイドのおかげだが、やはり大島は期待を裏切らなかった。

友人に勧められてその晩泊った、妙に居心地のいいゲストハウス「アイランドスターハウス」も、新たな出会いであり、発見だった。

大島北端の森の中に、あたりを照らすような黄色い建物が建っていた。竹の中から現れた、かぐや姫のように明るい雰囲気が漂う。屋根には☆のマークもあった。

屋根の星は飛行機からも見える

カントリー＆ライフのガイド日比野岳さん

玄関で、カエルの置物が出迎えてくれた。扉ガラスには、黄色以外にピンクや緑が塗ってある。手作り感満載で宿主の想いが塗り込まれている。かつて首都圏で働いていた宿主の竹内英さんが、毎週のように島へ通い、友人たちにも手伝ってもらって、3年かけてリフォームした、渾身の作品。大島空港のすぐ北に位置し、宿の上空は低空で飛ぶので、屋根の星は飛行機からよく見えるという。

玄関に入ると、左の壁には大島の立体地図があった。玄関脇の部屋には宿主が常駐していて、旅人の相談にいろいろとのってくれる。ただ部屋を貸すだけのゲストハウスと、そこが大きく異なる点だ。ただ、放っておいてほしい人を、無理にかまうことはない。

前掛けやTシャツなど、宿オリジナルグッズの並んだショーケースの前を通って、共用のリビングに案内された。天井は吹き抜けで、正面の窓の向こうにはゆったりとした庭が広がっていた。大きなウッドデッキがあり、庭には一面白と黒灰色の玉砂利が同心円を描くように敷き詰められていた。まるで、どこかの古寺の石庭のよう。

リビングには、革のソファや古いトランク、ギター、ハンモック、旅の本、仮面などがさりげなく置いてあり、宿主のこだわりとセンスのよさ感じる。

素泊まりなので、手軽に自炊できるよう、台所にはＩＨクッキングヒーター、冷蔵庫、電子レンジ、食器、基本的な調味料、コーヒーや紅茶なども備えられて、自由に使うことができる。客室は、２階に２部屋あり、両方とも板の間にマットを敷いて寝る形式。壁も天井も白木で、屋根に取り付けられた三角窓から光が射し込んでいた。トイレは、洗浄機付き便座の最新式。夏は海で遊ぶ人も多いので、洗濯機と干場もそろっていた。

「自分も旅が好きで、こうであったら嬉しいという宿を作りたかったんです」

バスタブ付きの風呂もあるが、竹内さんお勧めの源泉かけ流しの湯の宿くるみやへ連れ

三原山お鉢巡りコースから利島・新島・神津島を一望

宿泊者共用のリビング

て行ってもらった。大島にこんな湯宿があったとは。これも、初見だ。
以前はただの井戸水だったが、1986年の三原山大噴火によって、温泉になったのだとか。まさに御神火（三原山の噴火）の恵み。泉質は、ナトリウム・塩化物温泉（低張性・中性・高温泉）で、湯温は44・1度、湯量は毎分41リットルと、立派なもの。露天の岩風呂もあるが、館内風呂が100％源泉かけ流しだからと、竹内さんは強調した。
帰りはスーパーに寄って、島寿司や酒の肴などを購入。竹内さんにできたら島人たちと島語りしたいとお願いしておいたら、それぞれ手料理を持参して5人も遊びに来てくれ、竹内さんの島人脈を見た思いだった。

団体職員だが遠からず自立する予定の移住者、島の老舗の宿の娘さん、現役の教師、今も牛乳煎餅を手焼きをしている老舗土産物店の看板娘、アーティストと多士済々。

現代美術のアーティストの尾形勝義さんは、以前島で美術の教師をしていたそうだ。現在は、大島を拠点に全国各地でアーティストとして活動するかたわら、夏に大島で開催される国際現代美術展の運営にも携わっている。

年齢も出身もばらばらだが、話は全体で盛り上がることもあれば、2、3人に分かれて話に花が咲くこともあったが、水面に散り敷いた桜の花びらが、かすかな風に吹き寄せられ流されしながら移ろうように、島話もあちらへこちらへと自然に流れつつ、穏やかながら大いに盛り上がった。顔は分かる、名前は知っているが、話すのは初めてという人たちもいて、そんな会話にはたで耳を傾けているのも楽しかった。どれもこれも新鮮な話ばかりで、またぐいぐいと大島に引き込まれていきそう。

翌日は、竹内さんに案内してもらい、現代美術家の自宅兼アトリエと牛乳煎餅工場、とんでもない謎の豪邸、竹内さんがリフォーム中の新たな古民家、知らなければ絶対に入りたくないような外観のおいしい中華料理店などを、巡った。これまた、すべて初めての場所ばかり。大島の懐には、いったいどれだけのお宝が隠されているのか。

とりわけ引き込まれたのは、三原山中腹の森の中。改めて観察すると、山腹に入っていく脇道が至るところにある。しかし、どこに通じるのかさっぱり分からない。地元の人でもほとんど知らないらしい。竹内さんや団体職員の人のように、島社会の中に溶け込んでいる人もいれば、森の中でひっそりと島暮らしを楽しむ移住者もいるという。買い物は通販で済ませることができるし、昔からの集落でなければ無理に近所づきあいする必要もない。大島くらいの規模の島になれば、それも許されるのだ。

森の中の牛乳煎餅工場は、以前にも行ったことがあるという竹内さんも、迷うほど。砂利舗装の脇道に入ってしばらく進むと、外壁を黒白を逆にしたホルスタイン柄に塗った小さな建物が現れた。ここが牛乳煎餅工場らしいが、人の気配がしない。それでも、中をのぞくと元ミス大島だという看板娘の高田蛍さんが、独り黙々と牛乳煎餅を焼いていた。

今は大半が機械焼きになり、手焼きは貴重でごくわずかだという。声をかけるとすぐに見学と撮影を許してくれたが、流れるような作業の手を止めることはない。熱した型にミルクやバターがたっぷり入った生地を流し込み、次々に焼き上げていく。煎餅を見つめる一途な視線は、熟練の職人そのもの。元町港の前にある土産物店えびす屋の牛乳煎餅が、三原山山腹の森の中でひそかに焼き上げられているとは、観光客は誰一人として知らないのではないか。一瞬、自分がどこにいるのか分からなくなりそうだった。

秘められた牛乳煎餅工場のほど近くに、尾形勝義さんの自宅兼アトリエがあった。

建物の前には、アートスペースホワイトヘッドという看板が立てられていた。天井が驚くほど高く陽光がたっぷりと射しこむアトリエには、興味深い数々の完成品が展示され、製作中の作品も所狭しとひしめいている。舞い散る落ち葉を受け止めて刻々と変化していく作品などもあり、展示後は画像としてしか残らないものもあるという。香り高いコーヒーを頂きながら、しばし雑談。牛乳煎餅工場に話がおよぶと、すぐ近くにそんなものがあるとは知らなかったと、驚いていた。地元の住人がこうなのだから、よそ者が山腹に隠された謎を解き明かすことなどできようはずもない。

だから、大島へ行けばまた新たな発見が待っていると、確信できるのだが。

コラム❼

船酔い、克服できました

かつて、ぼくがいた『旅』という雑誌で、船旅の特集を担当したことがある。

初代編集長は、日本文学史に必ず出てくる作家の田山花袋。

版元だったＪＴＢから身売りされた先で、敢え無く１００年近い歴史に幕を下ろした。

長寿だった雑誌の歴史の中でも、船旅の特集は恐らくその号のみだったのではないか。

旅行シーズンでないから「売れ筋ではない特集」をやってもいいと営業担当から許されたのは、２月発売の３月号。真冬に船旅の特集か。

でも、機会を与えてもらったのだからと『今、船旅がおもしろい！』という特集名で、世に問うた。ちなみに、島旅特集は歯牙にもかけてもらえなかったが。

結果は、そこそこ。特に、返品が西日本では驚くほど少なかった。伊豆諸島や佐渡島を除くとほとんど島がなく、船に乗る機会の少ない東日本と、世界でも屈指の魅力ある多島海の瀬戸内海を控えた西日本の違いが、販売動向にも表れたのだろう。

前置きが長くなったが、「船旅」特集号で編集部員7人のあとがきを見て、絶句。否定的な内容ばかりではないが、全員が「船酔い」に触れていた。ぼくも、こう記した。――25年前、松島湾で船に乗り初めし時は、洗面器を抱えっぱなし。乗り物は全てダメを再確認。が、延べ乗船時間が千時間に近づいた頃、大揺れの船で、洗面器にすがる人を脇目の食事も平気に。船酔いは克服できる！

自分や家族も含め、周囲には船に弱い人が多かったが、乗船時間が増えるにつれて、あるいは年齢が高くなると、みんな船酔いしづらくなっている。船に乗っていれば誰もが船酔いしなくなるわけではないが、そう信じて乗り続ければ効果はありそう。

また、最近の船は横揺れ防止装置が付いたり、船酔いの引き金となるオイル臭がほとんどしなくなったりと、ずいぶん乗り心地が進化した。逆に、定期航路の客船で船酔いするのは難しくなったと言えるかもしれない。安全運航を第一に考え、船会社もためらわずに欠航するので、とんでもない大揺れに遭うことも少なくなった。

とはいえ、元船酔い常習者として、アドバイスをしておこう。

船が苦手なら、乗る前に体調を万全しておくのが最良。睡眠不足、二日酔い、空腹などは、船酔いを助長する。また、読書やスマホいじりも船酔いの大敵だ。

船酔いに無縁になってから長いので、最近の薬は飲んだことがないが、船がとても苦手な知人によると、高価な酔い止め薬はさすがによく効くという。また、船酔いに気を取られないよう、人と話続けるのも効果がある。

同じ船中でも、できるだけ揺れの少ない場所を選ぼう。中央が一番揺れない。

船酔いが怖かったら、よく効く薬を服用して、揺れの少ない席に座ってればいい。

また、経験上効果があったと思われるのは、揺れの少ない席に上向きに横たわり、上下する船の揺れに合わせて深く呼吸すること。船酔い仲間にも教えたら、役に立ったと喜ばれたので、船に弱い人にはお勧めの対策だ。

今は酔う気がしないが、それでも後で船酔いだったかな、と思ったことがある。

10年ばかり前、寝不足と軽い二日酔いのまま、釣り船で与那国沖に出た。目的は食材を釣り上げること。狙ったのは、カツオやキハダマグロだった。

乗り込んだ船は、20分ほどで沖に敷設されたパヤオ（浮き魚礁）に到着。正面に日本最西端の西崎灯台が見える。船頭から疑似餌をつけた釣竿を渡され、艫から放り込んだ。意外に大きなうねりに身を任せ、のんびり漂いながら国境の海を楽しめばいい。
などと悠長に構えていたら、一分足らずでガツンときた。すごい引きだ。
リールをガンガン巻くが、時々引き戻されそうになる。
艫のすぐ近くまで引き寄せたところで、船頭が引き揚げてくれた。
「シビだ！　キハダマグロの子どもさ」
ここまでは順調だったが、その後どうしようもなく眠たくなり、ダウン。
その時は、寝不足だからと思ったが、多分久々の船酔いだったのだろう。
ダイビングばかりでなく釣り船に乗る前夜は、品行方正にしておいた方がいい。

横山島《よこやまじま》（三重県）　中級

満喫した小さな島旅はエキゾチック

松坂牛は昨晩賞味済みだったので、松阪で近鉄に乗る前、老舗で炭火焼のうなぎ弁当をあつらえてもらった。これで、今晩の夕食は一応確保できた。近鉄を乗り継ぎ、恐らく、日本で唯一鉄道の駅がある島（架橋島だが）賢島《かしこじま》に到着。駅のコンビニでビールとおつまみ朝食用のパンを何種類か購入し、ロスメン石山荘へ迎えにきてほしいと電話した。

２０１６年英虞《あご》湾に浮かぶ賢島が、伊勢志摩サミットの会場になって注目されたが、その沖４００ｍほどに、まるで防波堤のような平らな島が２つ連なっていることは、ほとんど知られていない。そして、どこが島でどこが半島か、よそ者には全く分からない。海岸線が、それほど複雑に入り組んだ多島海なのだ。

西側の多徳島《たとくじま》は、真珠王御木本幸吉が1893年初めて半円真珠の養殖に成功した島。すぐ隣に位置するのが横山島で、英虞湾のエルミタージュ（隠れ家）ロスメン石山荘がある。40年ほど前、伊勢初詣の道すがら、添乗員としてひと月に数回海鮮バーベキューを食べに渡ったことがあった。今回はそれ以来の渡島で、島に泊まるのは初めて。

かつては食事も提供していたが、高齢化した老夫婦は体力に限界を感じ、今は宿泊のみとしている。21時までチェックインできるので、他所で食べてから行くか、ぼくのように

宿（後方奥）から迎えの船が来た

食料を持ち込み、島でゆっくりするか。

指定された黒い桟橋まで、駅から歩いて2、3分だった。待っていると、目の前の横山島から小船が波を蹴立てて走ってくる。宿の送迎船だった。船内に入ることもできたが、爽やかな天候だったので、甲板で風に吹かれながらリアス式海岸の織りなす風景を堪能。周辺の高台には、立派な宿泊施設が点在するが、海を渡って小島の宿へ向かう気分は格別だ。もう少し船に揺られていたかったが、別天地には5分足らずで到着してしまった。

遠目には昔ながらの旅館だったが、館内はインドネシアのリゾートバリ島色に染め上げられていた。バリ風のおびただしい木彫や仮面、楽器、大きな家具、織物などが、静かに迫ってくる。外には志摩の海が広がるのに、内側はめくるめくバリの世界だった。

宿名のロスメンは、バリの民宿のこと。バリに魅せられた主人夫妻が、15年ほど前からコツコツとバリ化を進行中だという。

2階の客室へ向かう階段も廊下もバリだったが、客室で途端に日本に戻った。洋室を頼もうか迷いながら、和室を選んだのだ。本日は、他に客はいないというので、洋室を見せてほしいと頼んだが、セッティングしてないからと断られた。

8畳ほどの部屋には布団が敷かれ、窓際は椅子とテーブルがある広縁になっていた。テーブルの上には、お茶のセット。暖かいお茶を啜りながら、夕暮れ時の刻々と色を変えていく海と空を眺めているだけで、遠く旅しているようで気持ちがいい。

室内を見回すと、バリ風木彫のテーブルランプやバリ風の布などが飾られ、手作りの棚も備え付けてある。安全金庫、浴衣・バスタオル・フェイスタオル・歯ブラシもそろっていた。部屋に、トイレもついている。宿泊料金を考えると、上々のおもてなし。旅館時代の名残だろう。1階の浴場は、1度に3人くらい入れそうな岩風呂(日によって男女入れ替え)だった。

しばらくロビーのソファに身を沈め、内はバリ、外は志摩の不思議な感覚を味わってから、栈橋に出た。横山島自体は端から端まで400mほどで、周囲は1・7キロばかりあるが、島人は石山荘に住む3人だけ。道もないので、宿の前しか歩ける場所がない。

栈橋で沈みゆく夕陽を眺めていると、何本もの飛行機雲が次々と現れ、落日を浴びて色を劇的に変化させていく。中部国際空港へ行く飛行機か。期待していると、真っ白な飛行機雲が夕陽を浴びて徐々に赤く染まっていった。中にはクロスしてピンクに染まる飛行機

宿の桟橋から多徳島に沈む夕陽を望む

雲もある。師走の海風は冷たくなってきたが、天空で繰り広げられる壮大なページェントはいくら眺めていても飽きることはなかった。

すっかり冷えた体を岩風呂でゆっくりと温めてから、暮れなずむ海を前に部屋でキリッと冷えたビールを傾ける。炭火焼きうなぎ弁当は冷えていたが、香ばしくて美味しい。

宵闇に包まれると、夜空のいたるところで星が瞬きはじめた。室内の灯りをすべて消すと、満天の星空が現れた。寒いけれど、星降る天空を仰ぎに行かなくては。再び桟橋に出て寝転べば、満天の星が煌々。島と果てない夜空を貸し切ったような贅沢な気分だった。

翌朝、広い板の間の広間をのぞいて驚いた。

和・バリ混交のダイニング

ここにもバリ風のテーブルと椅子が並んで、壁や壁際の飾り物もバリ一色だったが、床の間には神明神社と書かれた掛け軸や鯉の掛け軸が下がっていた。畳敷きの大広間を改装したけれど、床の間は残ったのだろう。

西表島《いりおもてじま》（沖縄県） 中級

変わりゆく ぼくのホームグランド

島好きとしてどの島が一番好きか聞かれると、大いに迷う。変わらず好きな島はいくつもあるが、一番はその時々で変化する。けれど、延べ滞在日数が一番長い島はと問われれば、迷わない。日本最南端のひとつ、西表島だ。併せて、1年以上滞在しているはず。西表島にのめりこんでしまったのは、島の魅力もさることながら、最初に泊まった民宿カンピラ荘の前大千江子オバァと時吉オジィのお陰だった。そのいきさつは、32ページの思い出の島で語っているので、そちらを読んでほしい。

2018年11月、5年ぶりに石垣島へ飛んだ。スカイマークの成田から石垣島への直行

便が消えた後、足が遠のいていた石垣島へＬＣＣのバニラが飛ぶことになり、バーゲンチケットに飛びついたのだ。往復で、１２０００円足らずだった。

実は、４ヶ月前の７月にも八重山へ行ったのだが、台風の直撃を食らい、西表には行けずじまいだったので、そのリベンジの意味合いもあった。

自分が惚れた島へ一途に通う人もいるが、ぼくのように割安で行けるならばそちらへ流れるという浮気者もいる。それでも、西表との疎遠があまり続くのはまずい。

当日の朝、上原に着いてから紅茶づくりを見せてもらうつもりだったが、同行予定の友人が都合悪くなり、今回は断念。最近は、日本各地で個性的な紅茶が作られるようになったが、ついに西表島でも紅茶が生まれると想像するだけでワクワクする。

カンピラ荘に荷物を置かせてもらい、斜向かいのスーパー川満で昼食用のパンを買う。道はアスファルト舗装になり、コンビニのような商店ができた上に、弁当まで豊富に並んでいる。なんと便利になったことか。最初に西表にはまってから、もう40年以上の歳月が流れたと思うと感慨深い。日本全体、いやいや世界中が激変した時代だったが。でも、これからの40年は、誰にも想像できないほど変容するに違いない。

祖内のシツィ（節祭）で、神事全般を取り仕切る神司（神女）が、小さな租納村の世果報（幸いや平和）だけではなく、広く世界平和も願っていたのが、ふと思い出された。

長逗留を繰り返していた当時は、ガイドよろしくお客さんを連れて通っていた、浦内川遊覧&マリュウドの滝とカンピラの滝散策をするために、路線バスに乗り1日乗り放題のチケットを購入する。11月の平日にもかかわらず、それなりに観光客が乗っている。どこに行っても、旅人の姿が散見された。

遠目で確認していたが、船着き場には立派な事務所兼待合所ができ、お客が次の出航を待っていた。間もなく、ぼくを含め十数人を乗せた遊覧船が出航。船頭は2人いるが、1人は見習いらしく、ベテランが細かな指導をしている。のどかな光景だ。

マングローブを構成するヤエヤマヒルギやオヒルギ、メヒルギなどに、樹名板がつけられていたのが新鮮だった。干潮が近いのか川のいたるところに砂洲が現れ、流れが極端に狭くなっている個所に差し掛かると、ベテランが舵輪を握り巧みに船を操る。舷側から流れを覗くと、船底をこすりそうなところも、うまくすり抜けていった。

ガイド兼任の船頭が、話の中でかつて浦内川中流にあったが大水害で壊滅した稲葉集落

浦内川遊覧の終点軍艦岩で上陸

樹名板のついたヤエヤマヒルギ

や、支流の奥にあった宇多良炭坑の歴史について も触れたのは、意外だった。船頭が、遊覧船の社長が稲葉の出身だと説明してくれ、なるほどと思った。

以前も隠していたわけではなく、観光客に語る内容ではないと思っていたのか。あるいは、稲葉や宇多良はガイドの意識にものぼらなかったのだろう。ぼくも、西表の密林を自在に歩き回るカンピラ荘のオジィに聞いて、存在を知っていただけだった。

上流の船着き場である軍艦岩の上には、人が群れていた。ちょうど、午前中の観光客が滝を見て戻ってきたところなのだろう。近くにはトイレが設置され、歩きはじめてしばらくは整備された遊歩道が続いた。それも5分ほどで、やがて登山道のような踏み跡に変わった。当時の小径もこんなものだっただろう。記憶にあるより起伏が多いように感じられたのは、自分の体力が衰えてきたからか。

行き違う人の中で目立ったのは、外国人。それも、アジア系より欧米人の多さ。石垣島でもこの1、2年急に増えていると聞いたし、実際こんな小さな集落でどこへ、と思うようなバス停で下車する欧米人も少なからず見かけた。石垣在住の友人曰く、「海外リゾートに目が向いていた欧米人が、ようやく八重山を発見したんじゃないか」

広くて丸い滝壺をもち、滝の裏側に入ることもできるマリユウドの滝はお気に入りだったが、滝まで下りていく道は立入禁止になり、小高い所にある展望台から遠望するだけになっていた。傷んだ小径を無理に下る人もいるらしいが、そこまでする気になれない。

カンピラの滝は、昨晩の雨で水量が多かったが、あとは変わっていないように感じられた。流れのかたわらで、7、8人が昼食を取っていたが、どうやら1グループでトレッキングツアーの参加者らしい。ぼくも、ここでパンをかじり、平らな岩場に転がって、しばしうたた寝。目を閉じればどこでも同じようなものだが、せせらぎと柔らかい風、色とり

オオタニワタリが繁る
宇多良の木道

展望台から遠望したマリュウドの滝

どりのさえずり、やさしい晩秋の日差しに包まれたうたた寝は、至福のひと時だった。

下流の船着き場まで戻って考えた。1日乗車券を目いっぱい使い最西端の集落白浜まで行くか、木道が整備されて様変わりしたと聞いている宇多良炭坑跡を探索するか。

やはり、西表屈指の大きな炭坑があった宇多良の変貌を見ておきたい。

船着き場の上に上流へ向かう道があり、のんびり30分ばかり歩くと、立派な手すりといぅか柵に囲まれた木道があった。細長い葉を噴水のように広げるオオタニワタリが、相性がいいのか木道や柵のいたるところに着生している。まるでオオタニワタリ園のようで、眺めているうちになんだか楽しくなり、笑みがこぼれてしまう。

ただ、木道から降りることはできないので、突き当りの少し広くなった場所まで行き、戻らないとならない。広場からは、ジャングルの中にたたずむ二本足を広げたコの字形の赤煉瓦やコンクリートの構築物が見えるばかり。採掘した石炭を運搬するトロッコ軌道の支柱だ。反対側のマングローブの水路には、石炭を満載して運んでいた団平船の残骸も残されているが、一体どれだけの人が気づくだろう。

かつて、炭坑一帯は自由に歩き回ることができ、コンクリートの小屋や護岸の石積み、地面に散らばる石炭も観察されたのだが、今は木道に閉じ込められた感じが拭えない。来訪者が増えれば、管理を強めざる得ないのか。以前は、妄想を膨らませながら1時間さまよっても少しも飽きない場所だったが、10分ほど滞在してバス停へ向かった。

全国的な高齢化と人手不足の影響は、カンピラ荘にも及んでいた。何年か前から、夕食の提供をやめたのだ。以前は、西表が好き、カンピラ荘が好き、ここで働きたいというバイト希望者がいくらでもいたのだが、いつの間にかグンと減っていた。

宿の女将の洋子ちゃんによれば、同じように朝食のみにした宿、さらにはやめた宿もあ

宇多良のトロッコ軌道の支柱

るというう。あんなに人気があったのにという宿も、時の流れには抗い難かったのか。

同じ上原集落に食堂があるので、夕食は困らない。八重山そばか焼きそばでも食べようかと、夕方7時前にでかけた。テーブルにつくなり、軽いパンチを食わされた。

「済みませ〜ん。麺は売り切れてしまったんですが、いいですか」

ほぼ満席の他のテーブルには、どこも麺料理が並んでいた。なんとか気分を切り替え、別なものを注文する。その時、一抹の寂しさを感じたのはなぜだろう。

翌日の朝食は、昔通り充実していた。基本はご飯だが、食べたい人は自由にどうぞと並べてあるパンやジャム、バターもそのまま。変わらぬ光景を見ると、それだけで嬉しい。

昨日は会えなかった千江子オバァも、朝は顔を見せてくれた。残念ながら、時吉オジィは体調を崩して、出てくることができないらしい。それでも、懐かしいオバァと話ができただけでも、心が晴れた。そして、あと何回泊まることができるのだろうと、自問した。オジィやオバァの健康もさることながら、自分の健康もいつまで続くか。

カンピラ荘の話が多くなったが、西表は八面六臂で多様な姿を見せてくれる。圧倒的な大自然に支配されているイメージが強いが、祖納《そない》や干立《ほしだて》、古見《こみ》のように古い歴史をもち、長い伝統の祭りを伝え続けている集落もある。西表は実に懐が深く、移住者に対しても胸襟を開いてくれ、昔も今もたくさんの人を受け入れている。

そういえば、新婚旅行の八重山編（海外編はパプアニューギニア）でも、カンピラ荘にお世話になった。娘の大学卒業旅行で一緒に泊まったカンピラ荘では、台風直撃で風速60mの烈風と丸一晩の停電を経験したな。それから……、思い出は尽きない。

パナリ・上地（沖縄県）　上級

幻の航路でたどりついた秘島

日本最南端の有人島が波照間島であることは有名だが、では2番目はどこか。直ぐに答えられる人は、少ないのではないか。西表島東部の中心大原の東南に横たわる、知る人ぞ知るパナリ（新城島）。台湾中部の大都市台中と同緯度にある。

パナリに漢字を当てると「離れ」で、ハナレが転訛してパナリとなる。潮が引くとサンゴ礁でつながるが、満ちていると二つに分かれる上地と下地の総称だ。だから、厳密にいうと2番目は、パナリの下地ということになる。中ノ島・西ノ島・知夫里島からなる隠岐の島前のように、いくつかの島を総称する例は、他にもあるがそう多くない。

下地には牧場があって管理人はいるが、一般住民がいなくなって久しい。数年前、石垣島からシュノーケリングツアーのボートで下地へ渡り、海には入らず牧場や牛舎、集落と学校の跡地を散策して、住人が生活していた当時をしのんだ。

上地には人が住んでいるものの、定期航路はない。西表島から郵便船に便乗させてもらったり、ボートをチャーターして渡れないこともないが、パナリ島観光と新城島観光がツアーを催行しているので、それに参加して石垣島や西表島の大原から行くのが無難だ。島内には立入禁止の聖地も数多くあり、島人とのトラブルを避けるためにも、行ってみたければツアーへの参加を勧めたい。

大原から参加したのだが、てっきりボートで迎えに来ると思い待っていたら、ガイドのNさんから連絡が入り、高速船で石垣から今到着したところだという。連絡を取り合い桟橋で合流する。年齢は40歳前後か、よく日に焼けがっしりした体格だ。

「ここで待っていてください」

そういうと、Nさんは小走りに乗船券売り場へ向かった。戻ってきたNさんに渡されたのは、「大原→新城」という安永観光の乗船券。

島人の要請があると定期船が立ち寄る

公民館の屋上から眺めた集落

「え～っ、こんな航路あったっけ」

自問自答すれば、きっぱりと「ありません！」というしかない。

でも、ぼくの手には存在しない航路の乗船券がある。それも、きちんと印刷されナンバリングも施されている本物（といっては失礼か）。

謎の切符にとまどいボーっと行く先を眺めていたら、もう出航時間だからさっさと乗船するよう船員に促され、Nさんと彼が下りたばかりの石垣行き高速船に飛び乗った。

後日、船会社に確認したところ、新城公民館から要請があった時に限り、上地に寄港するのだという。島人専用の幻の航路だったのだ。

ツアーの参加者4名はガイドのNさんと共に、上地に上陸。他にも島人らしき3人が下船した。まず、港に近いNさん宅で一息つき、荷物を置かせてもらい、島内散策へ向かった。隣の広々とした上地小中学校跡地に、4年前完成したばかりの立派な公民館があり、その屋上から集落をぐるりと一望する。

島の人口は、一応12人ということになっているらしいが、常時滞在している人が何人いるのか聞いても、明確な回答を得ることはできなかった。

ただ、人影が希薄にもかかわらず、生活の気配は濃密に漂っている。

公民館の屋上から見えたのは一部の家だが、すぐに寝泊まりできる家が37軒もあるという。言い換えれば、すぐに住むことができる家が37軒あるということだ。多くの島で空き家だらけの集落を見慣れていると、これがいかにすごい数字か分かるだろう。一見立派な建物でも、寝泊りしたり住むとなると手直しが必要な家ばかり、ということが多い。

一方、上地では廃屋はほとんど見かけず、手入れの行き届いた家しかない。年に4回ほどある大きな祭り、特に豊年祭に際して、300人、時には500人くらいが帰郷して、島は沸騰するという。そのために、島の家を常時使えるように維持しているのだ。

豊年祭には神秘的な仮面神が登場し、部外者は一部の信頼されている者しか見ることができない。また、島人も含め撮影・録音・メモなどは一切禁止で、タブーが強い神事として知られる。祭事の中核は、同郷の親睦団体である郷友会だ。

一時は、タブーが緩やかになった時期もあったようだが、近年故意に秘祭を覗き見たり撮影したりしようとする者がいて、またガードが固くなっているらしい。スマホ一つでなんでも記録し、発信できる時代になったので、せめぎあいが厳しくなったのか。

公民館から、半ば芝生に覆われた小径をたどって北浜へ向かう。ツアーには、シュノーケリングの時間も組み込まれていて、海の状況が良ければ北浜でひと泳ぎとなる。だが、目の前のサンゴ礁は季節風で波立ち、海に入っても波にもまれるだけ。ぼくは初めから島内散策が目的だったが、パナリの海で泳ぎたかった人たちは残念そう。

途中、聖地イショウ御嶽があったが、中に入ることはもちろん、外側の鳥居を撮影することも禁止だ。だから、島人のガイド付きツアーしか上陸できないということか。

北浜から戻りつつ、集落内を巡る。ほとんど住民がいないにもかかわらず、民家の庭先

民家の庭にポストがあった

島の道

で郵便ポストが生き延びていた。

「住民が投函することはありません。ツアー客がハガキを投函するくらいです」

しかし、パナリに郵便局はないので、西表の大原郵便局の消印になるらしい。住民が使わないなら、なくてもよさそうなものだが、不思議な存在感を放っているポストだった。よそ者が与り知らぬ秘密があるのかもしれないなどと勘ぐってしまう。

漂流郵便局ならぬ、漂流ポストだったりしたら、すてきなのだが。

人影は稀なのに、どこもきれいに整えられた家々ばかりの集落を巡り、標高は数mしかない随一の景勝地クイヌパナから、サンゴ礁の海を見晴るかす。サンゴ礁に突き出た小さな岬からの眺めは、20年前と変わっていないと思い、北側に頭をめぐらすと、こちらはすっかり変わっていた。西表通いの定期船が接岸できるくらい、港が大々的に整備されていた。だから、今日も船の舳先から上陸できたのだが。

クイヌパナから下って右へ進むと、何の変哲もない空地がぽかりとあった。

「ここが、ヤマハのリゾートがあったところです」

20年ばかり前、小浜島のはいむるぶしからプレジャーボートで上地を訪ねた時、洒落たヴィラがあったがどうなっているのか、というぼくの問いに対するNさんの答えだった。見事に、何の痕跡も残っていない。ただ、不自然な空き地があるばかり。

Nさんによれば、島人たちが資金を出し合い、ヴィラの建物を撤去したのだという。その見返りとして、ヤマハが所有していた学校跡地が、島へ譲渡されたのだとか。

沖縄が本土に復帰した前後、本土企業が沖縄各地に雪崩れ込み、本島でも宮古でも八重山でも、二束三文で土地を買い漁ったことがあった。経済的に恵まれなかった島の人たちは、目の前にわずかな現金を積まれ、先祖伝来の土地を売却することもあった。

景勝地クイヌパナから見た海

海岸にあった鯨の尾のような奇岩

土地を売るかどうかパナリでも議論になり、先が見えない将来に不安を感じて手放した人も多かったようだ。しかし、しばらくしてから後悔する人も増えて、集落内の土地はほぼ買い戻したという。ヤマハも、地元の要望を優先して譲渡してくれたらしい。

沖縄の本土復帰からもうすぐ半世紀を迎えるが、ほとんど話題にも上らないような小島でも、土地の所有権を巡って実に様々な動きや葛藤があったのだ。

「土地を所有する」という概念が、果たして妥当なのかどうか。

人は本当に、土地を所有することができるのか。所有してもいいのか。

よどみに浮かぶうたかたのように流動して、また元に戻ってきた土地の話を聞いていると、本質的な命題を突き付けられたような気分になってくる。

独りで勝手に哲学しながらNさん宅へ戻ると、石垣島で購入してきたと思われる弁当が配られた。ちょっと色気のない弁当だが、贅沢は言うまい。

ありがたいことに、Nさん宅には至福の冷えたビールがあるというではないか。木陰のテーブルでキンキンに冷えたビールを、霜降りジョッキで傾けながら、ゆるゆるとささやかな惣菜を摘まむ。背中の向こうを気だるく通り過ぎてゆく風が、妙に心地よい。

水も電気も港湾施設もなかった時代の話を聞かせてもらい、住民がほとんどいなくなった頃、人が住める最低限の環境が整った島の将来に想いを馳せると、なぜか切なかった。

池島《いけしま》（長崎県）　中級

生ける軍艦島で炭鉱坑道体験ツアー

屋久島のページでも触れたように、有人島時代の端島（軍艦島）を訪れそこねたのは、今も残念でならない。無人化してずいぶん経ってから、やはり人が住んでいる時に行っておくべきだったと、じわじわと悔いが膨らんでいったというべきか。

そんな経験があったから、同じ長崎県内の池島は、まだ元気なうちに訪れた。とはいっても、端島炭坑閉山から約20年を経た1992年になってからだったが。多くの炭坑が閉山していく中で、隣接する松島火力発電所の旺盛な石炭需要に支えられ、池島はまだまだ賑わいがあり、パチンコ屋やスナックにはたくさんの人が群れていた。

戦後復興を担った花形の石炭産業が、安い輸入炭や人件費高騰のため斜陽化していく中でも、最後まで残ると言われていたのが、池島炭坑だった。

ところが、21世紀になったその年、閉山の前月まであと5年は操業すると断言していた会社が、10月12日に突然年内の閉山を発表。従業員はもとより、地域社会に大きな衝撃が走った。そして、翌月の11月29日にさっさと閉山してしまう。

一世を風靡した花形産業の終焉（他に釧路に1ヶ所だけ残っていた）と優良炭坑の閉山を見届けるべく、前日島に入った。翌日は、坑道内の残務整理をするため入坑する炭鉱マンたちを繰込場（入坑のための待機場所）で見送った。その後、会社関係者の簡単な挨拶があっただけで、式典もなくかすかな残り火が消え入るように閉山となった。

ある記事の中で「炭鉱マン」という単語を使ったら、編集部から差別語だから変えてほしいと要望された。差替えの候補は、「炭坑作業員」。校正担当からの指摘だという。炭鉱マンという言葉は、高度経済成長を担った彼らが、胸を張り誇らしげに使っていた言葉だ。今時だから、せめてネットで炭鉱マンの使用例を検索してみろ！　と抗議した。濡れ衣と分かったらしく、すぐに編集部から回答があった。

「どれも、いい意味でしか使われていませんでした……」

閉山時、外海町（当時）の役場の人にトロッコを動態保存して、観光客に開放すれば人気がでるに違いないと外野の気楽さで提案し、その提案を雑誌にも書いた。しかし、簡単に受け流され、それきりになった。

坑道は、放っておくと地圧のために潰れて消えてしまう。石炭でお金が稼げるからこそ資金を投じて維持しているので、必要がなくなればそれまで。しかし、地上部の軌道とトロッコはなんとかと思ったのだが、所詮部外者の無責任な妄想だった。

それから5年が過ぎた2006年、初の長崎さるく（歩く）博が開催され、朗報が飛び込んできた。長崎学さるくの「池島海底炭坑さるく」という講座として、一般人に坑道が開放されることになったのだ。ひそかに、我が意を得たりと喜んだ。

中国や東南アジアへの技術移転のため、日本の国策として坑道の一部が保持されていたのが幸いした。ぜひ参加したかったが、なかなか機会は訪れなかった。

海底炭坑さるく講座の人気は高く、さるく博終了後も時々開催されていたが、やがて参加条件も緩和され、「池島炭鉱坑内体験ツアー」として継続されることになった。

世界遺産に登録された軍艦島へ熱い視線が注がれる中、今も生活の場として暮らす人たちがいる、生き続けている軍艦島として、池島の注目度が高まっている。

ますます参加できる可能性が増えたのに、なぜか池島は遠かった。

ようやく、２０１８年11月になって念願がかない、坑内探検ツアーと池島島内見学コースに参加することができた。

当日、池島港11時集合だったが、前日島に入った。それまで6回訪ねていながら、その後8年間ご無沙汰していた池島のうつろいを、じっくりと感じたかったのだ。


佐世保から船に乗り、大島や松島を経由して池島へ降り立った。港の前に止まっていたコミュニティーバスに飛び乗る。

「最近は、使われなくなった建物や炭鉱の施設を見にくる人が増えています。わざわざ来ても、こんなものしかないのに」

コミュニティーバスの運転手が、言った。地元の人からすれば、こんなものなのだ。

新店街通りで下車。まだ営業を続けている簡易郵便局の前を通って、今晩の宿である中央会館へ向かう。道すがら、猫が多いのが目についた。

中央会館の受付は、話好きの元炭鉱マンだった。夕食は、島唯一の食堂「かあちゃんの店」でとるつもりと告げると、お客がいないと夕方6時前には閉まるから、まず立ち寄って注文をして行けという。他にも島の情報を教えてもらい、鍵を受け取った。

部屋に荷物を置くと、まずかあちゃんの店へ向かう。かつては在校生1800人を数えた小中学校の校庭を右手に見ながら、島内唯一の教育信号を通過し、8階建て炭住アパートに突き当たる道を左手に曲がると、長崎市設池島総合食料品小売センターの文字が見えた。建物の入口前に、猫が20匹以上集まっている。

エサをあげる人がいて、そこへ猫たちが殺到しているようだ。近づくと、オバちゃんが魚を捌いたアラを与えている。猫たちが、目にも止まらぬ速さで奪い去るので、エサが何なのか確認しずらかったほど。エサやりオバサンが、かあちゃんだった。

17時半頃に来たいというと、18時には帰りたいので、今食べて行かないかと言われる。さすがにまだ、16時半を回ったところなので、17時10分過ぎくらいに来るから、ちゃんぽんをよろしくね、と伝えて店を後にする。

周辺を巡るにしてもあまり余裕がないので、登った記憶が曖昧な神社と四方岳を集中して攻めることにした。学校脇の狭いコンクリート道を登ると、白山比咩神社と大山祇神社を合祀したと思われる、池島神社があった。

神社から受水槽までのコンクリート道は、胸を突く急な坂。島人は、斜度が35度あると言っていたが、そのくらいはあるかもしれない。最後の詰めの箇所にはロープも垂らしてあるほどだった。なんとか受水槽までたどり着く。円筒の方はかつて発電所で作られた蒸留水を溜めたタンクで、もう一方の四角いのが現役の受水槽らしい。

そこで道は消えたが、受水槽の裏に藪の中に消える踏み跡を見つけた。覆いかぶさる草をはらい、極めて足場の悪い岩だらけの小径をたどると、すぐに展望が開けた。ぐるり360度、見渡すことができる。ここが、四方岳の頂だろう。高さは115mしかないが、周りに遮るものがないので、眺望は抜群だった。

足元には、子どもが2人通う小中学校。建設当時は日本を代表するモダンなアパートだった、8階建ての炭住アパートなどの高層住宅群。ツタに覆い尽くされたアパートもあった。東の奥の方は炭坑施設の跡地で、排気立坑、ベルトコンベアを覆う建物、大きな

ツタに覆い尽くされた炭鉱住宅

四方岳から一望した炭鉱住宅群

貯水タンク、選炭工場、坑口など、多くの施設がそのまま残されている。
池島の景観の大きな枠組みは、8年前とあまり変わっていなかったが、遠目にも人の気配が希薄になっているように感じられた。
島外に目をやれば、すぐ北に浮かぶ火力発電所がある松島、かなたには昨日泊まった西海市の江島、その向こうは中通島だろうか、上五島の島並みが望まれた。目を左に転じると、水平線上に薄っすら島影が連なる。福江島などの下五島だろう。
南側には西彼杵《にしそのぎ》半島や長崎半島が長々と横たわり、手前には母子島《はこじま》と大きな穴の開いた奇岩大角力《おおずもう》がそそり立っていた。

時のさざめきを感じさせる風景の中をもう少し漂っていたかったが、食いはぐれないよう四方岳から駆け下りてかあちゃんの店へ向かった。食堂には先客が2人いて、一杯傾けながらぼそぼそと話をしている。ぼくも、ビールをもらって、ちゃんぽんを待つ。ボリュームがあり具も充実したちゃんぽんだった。

夕食後、部屋で一息ついてから元炭鉱マンお勧めの銭湯（長崎市東浴場）へ。19時少し前の混んでいそうな時間だったが、男風呂はなんとお客なしの貸し切り。それでも、2、3分占領していたら、話し好きの2人連れが入っていた。

学校の先生で、地元の人と触れ合うため、銭湯をよく利用しているという。

そのうち、もう1人入ってきて、先生たちに会釈した。元炭鉱マンだという。

ここはかつて炭鉱マンの家族が使っていた風呂で、人口が多い時は浴槽がいくつもあったが、今は一つを残して塞いでしまったと教えてくれた。

坑内からでてきた炭鉱マンたちは、坑口の近くにある風呂に入ったという。

そのうち、元炭鉱マンが急に話を変えた。

「斎藤さんでしょう。弁当、すみませんでした」

池島鉱最期の日の繰り込み場

かつて24時間入浴できた炭鉱マン用の大浴場

明日のツアーに合わせて炭坑弁当を別注していたのだが、昨日受注先の都合が急に悪くなったとキャンセルの電話があったことを思い出した。
「尾崎さんですか」
ぼくが問い返すと、お詫びの意味も含めて、よかったら自宅で一緒に飲みませんかというお誘い。元炭鉱マンと話ができる願ってもいない機会なので、喜んで誘いに応じた。
尾崎政治さんは、三井松島リソーシス株式会社池島炭鉱体験施設の施設長で、明日のツアーにも顔を出すらしい。ぼくが、池島炭坑の閉山に立ち会ったと知ると、組合で頑張っていた当時のことを、愛惜を込めて懐かしそうに語ってくれた。

池島では独り暮らしなので、旅行者や研究者を誘っては一献交わしているそうで、島人の間では「スナック尾崎」というあだ名までついているらしい。

施設長の権限があればと欲を出し、正式に申し込めば通常立入禁止の場所も取材させてもらえるか確認したところ、一切受けていないと、明言された。

それでなくとも、立入禁止区域に勝手に入り、そこの写真をＳＮＳなどにアップする人がいて、安全確保に苦労している。さらに雑誌などで紹介されると、密入域を助長するだけだという。確かに、事故があった時は自己責任といっても、事故処理などをしなくてはならないのは尾崎さんたちだ。一切お断り、というのも無理はない。

楽しい酒に酔った翌朝11時、港でフェリーを待っていると、他の参加者20人ほどが下船した。大半が1グループらしい。一緒に説明会場へ向かう。尾崎さんの姿があったので、挨拶をしながら昨晩のお礼を述べる。

最初に、池島炭鉱の概要を聞きながらかつての賑わいを感じさせる映像を見た。そしてすぐに、ランチタイム。しばらく港周辺を散策するうちに、入坑の時間となった。

模擬坑道でオーガー（穿孔機）の操作体験する筆者

トロッコに乗って坑内へ向かう。上は石炭積出施設

ヘルメットとキャップランプを装着し、バッテリーを背負い、準備万端だ。

坑外トロッコ電車停留所で乗車し、本物の軌道の上を走って坑内へ。ガイドは、尾崎さんではなく別の元炭鉱マン。しばらくして、水平坑道奥部電車停留所に到着した。

坑内を歩きながら、巨大なロードヘッダー（掘進機）やドラムカッター（採炭機）などを間近に見学する。数秒だが、ぼくも含め2、3人がオーガー（穿孔機）の操作体験をした。坑内体験をそれなりに楽しむことができたが、定員いっぱいの20人が参加したので、全体的に慌ただしかったのが残念だった。できたら、参加者数人が理想的だろう。

坑内から出て、そのまま坑外見学コースにも参加した。大半が歩いたことのある場所だったが、炭鉱マンの解説がつくと違って見えて興味深い。ツアーでしか入れない炭鉱住宅の屋上に登り、立入禁止の第二竪坑まで行き、炭鉱マンたち御用達だった大浴場も覗くことができて満足だった。坑内ツアーに申し込むなら、併せて坑外ツアーにも参加した方が、池島という存在をよりよく理解することができるだろう。

実人口は、１００人を切っているという。東浴場は遠からず廃止になり、港近くの銭湯だけ残るらしい。学校も郵便局もかあちゃんの店や中央会館も、いつまで存続できるのだろうか。次回は、８年もあけずに池島を再訪しなくては。

コラム❽

離島苦の象徴だった艀

日本の定期航路で最後まで艀《はしけ》(沖に停泊した本船と港を行き来して人や物資を運搬する小舟)による通船が残っていたトカラ列島の小宝島に、本船が直接接岸できるようになったのは1990年4月だった。

その少し前までは、トカラの他の島の人はもちろん、不便を強いられている小宝島の人たち自身も、この島は永遠に艀から解放されないだろうと思っていた。

小宝島に艀で何回か上陸したことのあるぼくも、隆起サンゴ礁の地形や人口規模などから考えて、難しいだろうと思い込んでいた。

だから、予想外の小宝島港整備に驚きながらも、心から喜んだものだった。

それから、30年。

艀といっても分からない人が増えたので、文中に表記する時は、注釈をつけている。

昭和50年代の離島ブームの頃に旅した人と話をしていると、艀の思い出がしばしば出てくる。今となっては、スリリングだった楽しい思い出として。

艀は島の方で用意しておき、本船が島の沖に投錨すると、海に降ろして使う場合が多かった。しかし、島から艀を出すのが難しい場合、本船に積み込んだ艀を海に降ろして対応することもあった。そういう場合は、荷物は載せずに人間だけ運ぶ。

海が穏やかな時は、風情のある乗下船となるが、ひとたび海が荒れると命がけの作業となる。港が整備されていないから陸地に上げてある艀を海に降ろし、揺れている艀になんとか飛び移り、さらに沖で揺れている本船の舷側に口を開いた乗船口へ飛び移る。

さながら、義経の八艘飛び。飛び移るタイミングを誤ると、海に落ちかねない。実際時々落ちる人がいたという。1970年代になってからも、同じトカラの諏訪之瀬島で通船作業に失敗して亡くなった人がいる。

艀を利用せざる得なかったのは、本船の大型化に港の整備が追い付かなかった場合も多い。トカラの例を最初に挙げたが、東京都に属する伊豆諸島の御蔵島や利島も、艀から解放されたのは昭和50年代に入ってから。

艀とはどんな船だったのか。今も直接見て触れることができるのは、利島と小宝島くらいではないのか。地元に行けば、それぞれ案内板とともに展示されている。艀だけ見ると意外に大きく感じるかもしれないが、この小舟で荒海へ乗り出すシーンを想像すれば、いかに困難で危険な作業だったか感じることができるだろう。

御蔵島に本船が接岸できるようになったのは、1984年だった。それまでは、エンジン付きの艀で通船作業を行っていたが、さらにその前はより過酷だった。

屈強な青年がロープを体に括り付けて本船まで泳いでいき、島と本船の間にロープをしっかりと張り渡し、それを手繰って艀を行き来させていたという。

命がけの作業は、時化が続く厳冬期でも欠かせなかった。もっとも、当時冬場は月に1回くらいしか船が来ないこともあったそうだが。

瀬戸内海のように比較的海が穏やかで、小さな連絡船が小島を結んでいたところでは、本船自体が小さかったので、ささやかな桟橋や海に突き出した岩など海岸のすぐ近くまで行って、船から歩み板（海岸から船、あるいは船から船へ歩いて渡れるようかける橋板）を渡しで乗下船していた。

今風に言えば、船のタラップのようなものだが、手すりもなければ支柱もなくきわめて不安定な一枚板で、悪天候の時はかなりの危険を伴った。大事故に結びつくことは少なかったようだが、歩み板から転落した昔話は島々でよく耳にする。

本船から小宝島湯泊港へ向かう艀

全国で最後まで残った艀「小宝丸」がとしま丸に接舷

興居島《ごごしま》（愛媛県）・御蔵島（東京都）・神津島（東京都）

初級〜上級

人のご縁で島から島へ行ったり来たり

事の始まりは、2017年秋に船踊りを見に訪れた興居島だった。

その時、松山市が運営する100平米ほどの農園付きお試し移住施設「ハイムインゼルごごしま」をのぞいた。そして、最近移り住んできたという元広告マンのAさんと話をするうちに、彼の同僚も島に移住したと知る。

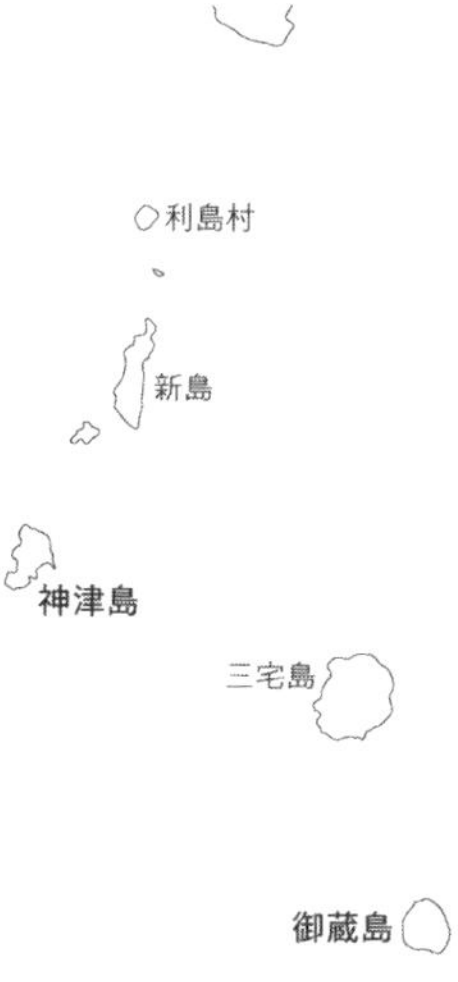

海上からみた御蔵島

興居島にあるハイムインゼルの居住棟

移住先を聞いて、耳を疑った。温暖な興居島と対照的に、環境が厳しい御蔵島だというではないか。さらに、家を建てて商店まで開き、繁盛しているらしい。

よそ者に対して閉鎖的な御蔵島に入り込むだけでも大変なはずだ。人が住むのに適した平地が少なく、貸してもらえる家わずか。そんな土地に家を建てて、商売まではじめてしまうなんて、ふつうはあり得ない。本当ならば、どんなにすごい人なのか。

御蔵島事情に生半可通じているぼくは、勝手にのけ反ってしまった。独り驚いているぼくに、Aさんはきっとビックリしたことだろう。

その時、すっかりご無沙汰の御蔵島へ近々行ってみよう、と思った。翌年の6月、12年ぶりに御蔵島に降り立った。平日にもかかわらず、かなりの観光客が一緒に下船した。ずいぶん変わったようにも、あまり変わっていないようにも思える。

定宿のにしかわの女将と島話をしてから、午後に登る予定の長滝山へ同行してもらうガイドを手配して、昼食方々Aさんの同僚がやっているという、ふくまる商店をのぞいた。

白壁のこぢんまりした二階屋が、黒潮洗う太平洋と立派な松の木を背景に建っていた。前庭にはパラソルと椅子があり、そよ風に吹かれながらそこで食べてもいい。店内は白木を基調にしたウッディーな内装で、食事ができるスペースも確保され、ゆったりした空間になっていた。棚などは、手作り感があふれている。こだわりの感じられる何種類かのライトが、店内をうまく照らし出して、若い女性が喜びそうな雰囲気が漂う。

Aさんから、御蔵島へ行ったらソーネンが店をやっているからと言われ寄ってみたというと、すぐに分かったようだった。店主の山田さんの名前は壮稔と書いて「たけとし」と読むのだが、音読みして通称ソーネンだったという。

壁や壁際の棚には、Tシャツやトートバッグから御蔵島特産の黄楊を使ったイルカの尾びれの耳かきなどのツゲ製品、手ぬぐい、捺染タオル、缶バッジ、マグネット、一筆箋やポチ袋、ステッカー、アソートシール、さらには歯ブラシまで並んでいる。雑貨だけではない、島の素材を生かしたあしたばカレー、あしたばうどん、あしたばドレッシングやイルカあめ、イルカまんじゅう、イルカせんべい、いるかクッキーなどの食品やお菓子も売っていた。他では見かけないものばかりだと思ったら、すべてオリジナル製品だという。

どれもこれもセンスがいい。広告マン時代の経験が十分に生かされている。イルカクッキーではなく、いるかクッキーとしているところに、センスがきらりと光る。

軽食は、あしたばカレー、スパゲッティ、サンドイッチなどがあったが、ハヤシライスを注文した。750円と値段もリーズナブル。

水出しコーヒーのグラスも、一見大手コーヒーチェーンのロゴかと思わせるが、よく見るとオリジナル感がたっぷりあふれていて、思わずニヤリ。

外へ出てテーブルに着き、先客に会釈すると話しかけてきた。

30歳前後と思われる、明るい青年F君だった。

なんと、神津島から来たという。同じ伊豆諸島の神津島と、御蔵島は直線距離では50キロほど離れているだけ。しかし、向こうから御蔵島へ来るには、一度東京まで出て、改めて竹芝桟橋から夜行便に乗らなくてはならない。あるいは、漁船をチャーターするか。お互いに島影を見ることができるのに、とても遠い。

そんな大変な思いをして、ドルフィンスイムに来たのだろうと決めつけたら、主な目的は二つ。神津島で星空ガイドもしているので、御蔵島の星空撮影が一つ。それはいいとして、もう一つはふくまる商店でのお買い物。オリジナルのジェラートを食べ、実店舗でしか手に入らないTシャツを買いに来たという。F君は、笑いながら付け加えた。

「ドルフィンスイムも、2回しましたけど」

恐るべし、ふくまる商店。知恵があって工夫さえすれば（それがとても難しい）、どこにでもビジネスチャンスが転がっているのか。島人たちの評判も、すこぶるよい。最近は都内などで行うイベントには、婦人会に替わり島を代表して出店することもあるという。

帰りの船で、F君とまた一緒になった。独身で気ままに旅しているのかと思い込んでいたら、4人の子持ちと聞きいて声もない。神津島には、もう10年近く行っていない。そんな話をしていたら、F君の実家がふもと屋という民宿をやっていると分かった。

かつての定宿は廃業したので、今度神津島へ行く時には、お世話になろう。

それから3ヶ月が過ぎた9月、思い立って久々の神津島へ向かった。

東海汽船のジェット船から降りると、懐かしい顔が迎えてくれた。F君だった。そのまま、ふもと屋に荷物を置いて、最低限の装備で天上山へ向かう。

秋に登るのは初めてだが、花の山としても有名なだけあって、イズイワギボウシやシラヤマギク、アキノキリンソウなどがそこかしこに咲き、山頂近くになると可憐なキキョウも姿を見せた。登山口から50分ほどで、黒島山頂10合目に到着。最高点ではないが、ここから先は比較的起伏の少なく、どこも山頂のようなものだ。

しばらく森の中の道が続いた。道端に白っぽい可憐な花を咲かせていたのは、シュスランやアケボノシュスラン。森の妖精のような容姿に、しばし見入ってしまう。裏砂漠展望地まで行くと、北に式根島、新島、利島が連なり、南には御蔵島や三宅島も望まれた。こうやって見通すと、御蔵島はちょっと離れたお隣さんだ。

標高572mの天上山《てんじょうさん》最高地点を制覇し、不入ヶ沢《はいらないがさわ》の縁を回りこんで、白島下山口へ。

登山道の両側には、シュスランやミヤマウズラ、センブリ、ナンバンギセル、ウメバチ

白島登山道４合目付近。神津島

天上山山頂の最高地点。神津島

ソウなど、秋を感じさせる花々が次々と現れては、ぼくの足を引き留めようとする。

その晩は、神津島でいつもお世話になっている旧知の浜川芳光さんが、宿に遊びに来た。彼が差し入れてくれた大きなキンメダイの煮つけなどを突きながら、酌み交わし。

F君の奥さんが、浜川さんの姪だということが分かった。世の中は狭い。F君も少し顔を出したが、先約があるらしく慌ただしく去っていった。

浜川さんに、今頃咲いているかもしれない、神津では最近確認されたばかりのキリシマシャクジョウがある場所を知らないか聞くと、知り合いに当たってくれるという。

翌日、浜川さんと島の植物に通暁したMさん宅に教えを請いに行った。
「最近確認に行ったところ、ちょうど咲いていましたよ」
と、嬉しいことを言ってくれる。かなり奥まった林道沿いらしい。浜川さんが場所を確認するが、ふだんは滅多に入らない場所なので、なかなか話が嚙み合わない。そのあと所要があると言いながらも、Mさんが同行してくれることになった。

Mさんが車道から少し入った林床を、指さした。かすかな明かりが点ったような、小さな白い点が見える。シロシャクジョウだった。目が慣れてくると、周辺にポツンポツンと点っている。少し離れたところに、キリシマシャクジョウもそっと潜んでいた。

さらに、近くの道端では全身が鮮やかな赤紫色したホンゴウソウの咲き残りや、黒く変色したマヤランの残骸も見ることができた。神津島の自然は、こんなかそけき植物たちも育んでいるのかと思うと、畏敬の念すら覚えてしまう。

それにしても、どれも小さい。地図に場所をピンポイントで落としてもらっても、案内がないととても見つけられないだろう。Mさんには、改めて感謝するしかない。

その晩は、ふもと屋にほど近い最近復活した民宿浜乃屋に泊まった。昨晩ゆっくりできなかったF君が、夕食時に遊びにきた。初めて足を踏み入れる浜乃屋の内部を、興味深そうに見ている。そこに浜乃屋の若主人も加わり、島の話で盛り上がった。

その後、F君は浜乃屋とも縁ができて、親しく交流するようになったらしい。

どれもこれも、島が取り結ぶ縁だ。

興居島のAさんから、瀬戸内海のある島に魅力的な物件があるが、地域社会の現状はどうなのかと聞かれ、知っている内情をそのまま伝えたこともある。

ハイムインゼルはお試し移住施設なので、最長3年間しか滞在できない。興居島へ移ってからすぐに空き家探しをはじめながら、なかなか気に入った物件に出会えないと嘆いていたAさんだが、最近になってやっといい物件に巡り合ったらしい。

「それが、Kさんの家の隣なんですよ」

興居島の船踊りを見に行った時、たまたまご縁があってある集落の直会に参加させてもらった。近くの人と酒を酌み交わしていると、遠くの席からビール瓶をもって近づいてきた人がいて、思わず「どうして、ここに?」と聞いていた。それこそ、それはこっちの科白だと言わんばかりに、ビール瓶を傾けながら言った。

「斎藤さん、なんでここに。Kですよ」

Kさんは、興居島の西に浮かぶ小島の住人で、取材に行って知り合い、その後松山で一献交わしたこともあった。聞けば子どもたちを高校に通わせるため、交通の便がよい興居島へ居を移し、その子どもたちも卒業して、島から旅立っていったという。

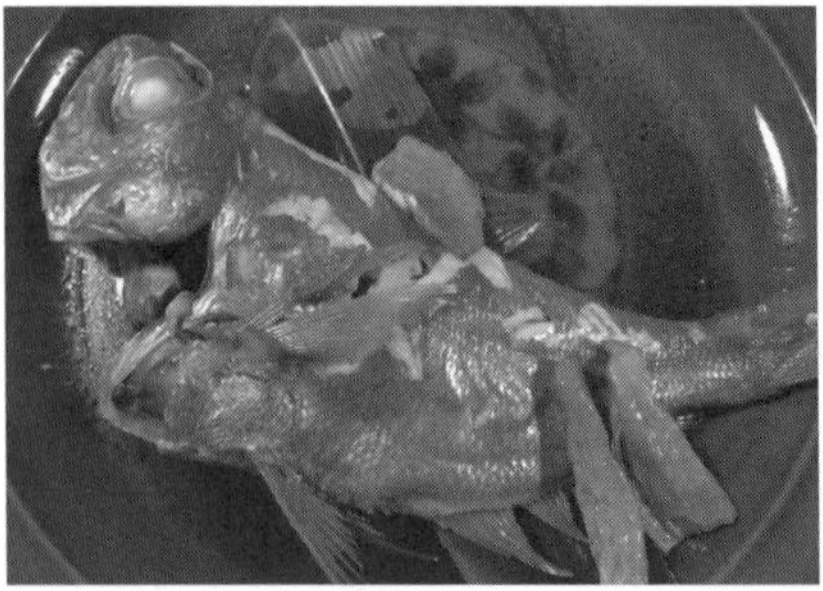

キンメダイの煮つけ。神津島

船踊りを見た翌年の4月、半年ぶりに興居島を訪ね、前回は少し話を聞かせてもらっただけのAさんと一杯やったのだが、Kさんも誘って一緒においしい酒を楽しんだ。

その、AさんとKさんが隣同士になるとは、世間は狭い。

松山あたりまで行く機会があれば、美酒を携えまた興居島を訪ねるつもりだ。

初級

白石島《しらいしじま》（岡山県）

国指定重要無形民俗文化財の盆踊りとは

何回も行ったことがある島なのに、勝手な思い込みの恐ろしさと、行ってみないと分からない、を実感したのが、２０１８年お盆の季節としては初めて訪れた白石島だった。

人が大移動するお盆の前後は、日本中で乗り物も自動車道も混雑する上に、運賃まで高騰しがち。墓参りするわけでもないのに、何もそんな時にわざわざ旅行しなくてもいいじゃないか。そう思って、お盆の頃は家にいるか、出かけても近所ということが多い。

しかし、お盆の時でなくてはならないものもある。

例えば、盆踊り。

お盆に地元で踊るからこそ盆踊りであって、異なる時期に別の場所で踊れば、芸能になってしまう。今では全国区になった、沖縄のエイサーも本を正せば盆踊りだ。ずいぶん派手になり、小学校の運動会などでも踊られるようになったのは、最近のこと。全国各地に特徴ある盆踊りが数多く伝承され、衰退が進む一方復活される例もある。

数ある島の盆踊りの中でも、ずっと気になっていたのが白石島に伝わる国指定重要無形民俗文化財の白石踊りだった。ポスターやパンフレットでよく目にする、美しい白砂の浜辺で夕暮れ時に、着物をまとい笠をかぶり凛々しく踊る姿が印象的だった。ポスターにあるような踊る姿を、地元の浜辺で目の当たりにしたい。

そう考え、8月16日の15時前、白石島に到着。宿までもってほしいと期待した空模様だが、岬を回ると泣きだした。小雨だが確実に濡れそうなので、渋々折り畳み傘を出す。

広い白砂の海水浴場の手前に、物々しいクルマが何台も止まっていた。テレビ中継の機材のようだ。島人たちのおしゃべりに耳を傾けていると、どうやら今晩NHKが白石踊りを全国中継するらしい。生の白石踊りを見にきたのに、きっと演出があるんだろうな。

天気も今一つパッとしないし、じわじわと暗い気分になってくる。

浜辺で法要がはじまった

宿に到着して荷を解き、宿の手配を頼んでいた島の知人と旧交を温めているうちに、白石踊りについて意外なことが分かってきた。そして、事前の勉強不足を悔いた。自分の中で凝り固まった白石踊りのイメージに、呪縛されていたといってもいい。

「公民館の庭だよ、ふつう踊るのは。保存会に頼んで、観光客サービスのため海水浴場で踊ってもらうことはあるが、お盆は公民館の庭。最近変わったのではなく、ずっと昔からそうだった。衣装だって、一部浴衣を着る人もいるが、大半は普段着だよ」

60歳に手が届こうという、島生まれ島育ちの知人が断言した。

「え〜っ、そうなんだ。てっきりあの衣装だと、思っていた。パンフレットやポスター、ネットで検索しても着物に笠をかぶった、あの姿ばかりだから」

「だろ！　誤解されることが多いんだよ。実際を見ると、違うって」

外では雨が音を立てて降っている。今晩の盆踊りはどうなるのだろう。一応、夕方までには雨が上がる予報だが、もう夕方が近いのに、と思っていたら16時半近くなって、雨はほぼ上がった。浜辺に行くと、たくさんの提灯をぶら下げた竹が1本立っていた。

1時間くらいして再び浜辺に行くと、ロウソクや花、果物などを供えたテーブルを前にして海に向かい、僧侶と黒い服を着た老人が十数名、海に向かい砂浜に置かれた椅子に座っている。法要の準備がほぼ整ったようす。島人を浜辺に連れてきてインタビューしてみたり、大声で指示を出したり、中継スタッフの動きも俄かに慌ただしさを増してきた。

18時ちょうど、ＮＨＫの合図で法要がはじまった。その隣で、これから流す灯籠が次々と運び込まれてくる。○○家と記された、赤・緑・紺・濃いピンクの灯籠が、砂浜に敷かれたブルーシートの上にびっしり並び、まるで花が咲いたよう。

20分くらい過ぎたころから、灯籠が船に移されはじめた。それでも、まだ追加の灯籠が

灯籠を船に積み込む

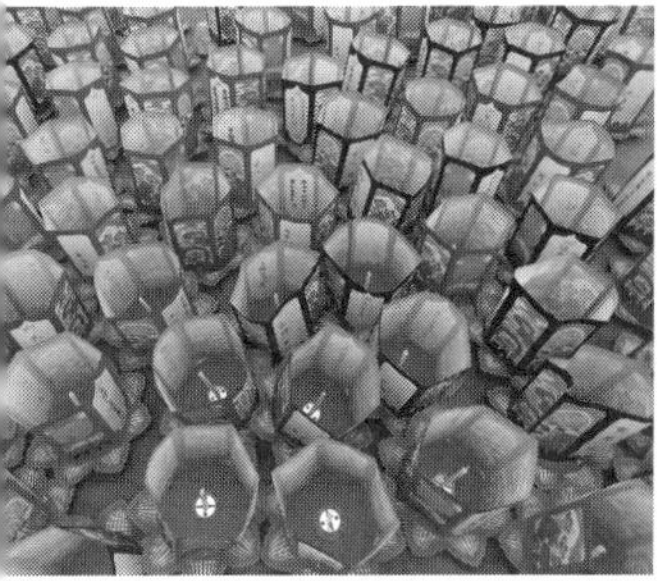

これから流される灯籠

運ばれてくる。船に積まれて少し沖に出た灯籠たちに、19時頃から火が点りだした。

明かりが入った灯籠は、順次海面に浮かべられはかなげに漂いゆく。その周りを取り巻く撮影クルーが鬱陶しいが、気にしても消えるわけでもない。

灯籠が明るくなるのを待っていたように、対岸に連なる山々の背景が一瞬だけ朱く染まった。まだ重苦しい雲が垂れ込めてはいるものの、天気ははっきり回復しはじめていた。

そのうち、たくさんの灯火が頼りなげにゆらめきつつ海をさまよいだした。灯火の連なりはやがて淡い光の筋となり、冥界へ向って流れていく。はぐれ者もいて、こちらの浜に戻り来てもなお、ゆらゆらと優しい光を放つことをやめようとしない。

自由気ままな灯籠の振る舞いに見入るうちに、太鼓の音と口説きが流れはじめた。時計を見ると、20時を回ったところ。盆踊りの輪に近づくと、それらしい装束の人もかなりいた。今回は、NHKの中継があるからと参加した人も多いようで、島人曰くいつもの倍くらいの参加者らしい。ポスターのイメージとは異なるが、活気ある踊りだった。

ジッと観察していると、人によって踊りの手ぶりや足運びが違う。男と女も違うように感じるし、笠を操りながら踊っていた人はいつの間にか地面に笠を置き、扇を手にした人たちもいつの間にか扇を畳んで踊っている。なんだか不思議だなと思いながら、改めてパンフレットを読んで腑に落ちた。なんて、勉強不足だったのか。

――一つの音頭と太鼓に合わせて男踊・女踊・月見踊・扇踊・笠踊・奴踊など、幾種類もの踊りが同時に踊られる、全国的にも珍しいものです。

――もとは「回向《えこう》踊り」とも呼ばれ、祖先の霊を供養する踊りです。源平水島合戦で戦死した人々の霊を慰めるために始まったとも伝えられ、8月13日～16日にかけて、それぞれの浴衣で先祖供養のため、深夜まで踊り続けられます。

伝統的な衣装を着て踊る人たち

実際は普段着で踊る人が大半で、燈籠流しが終わると白石踊りをチャッチャと踊ってさっさと引き上げるという。ぼくも、21時頃までじっくりと見学して、その後は島の知人と浜辺のバーへ行って話し込んだ。23時頃にお開きとなったが、遅くまで踊られているはずの白石踊りは、とうに終わっていた。

翌17日になって見かけた港近くの掲示板の案内には、以下のように書かれていた。

盆踊りは、参加自由。浴衣や普段着など自由な服装で踊れます。

8月13日から15日は、白石公民館で19時30分頃から23時頃まで。

15日は、回向踊りもある。

16日の会場は白石島海水浴場で、19時より灯篭流し、盆踊りは20時頃から23時頃まで。

＊衣装を付けての踊りはありません。

ここには、見た通りを記したが、白石踊りがつまらなかったわけではない。同じ輪の中で、着物から浴衣、普段着まで実に脈絡のない恰好をした老若男女が、同じ口説き（歌、音頭）に合わせて何種類もの異なった仕草で一緒に踊り、混然として一体となった白石踊りを成立させているのは、驚異的だった。

じっくり見ていると気づくのだが、漠然と眺めていると明らかな違いにさえ気づかせないほどの調和の秘密は何なのか。かつて、岡山県が県内各地に外国人専用の宿（国際交流ヴィラ）を10ヶ所作ったことがあったが、現在も同じ趣旨で稼働しているのは白石島の国際交流ヴィラだけ。そんな関係もあって、どんな季節に来ても外国人が多い島だ。

白石踊りの輪にも、外国人の姿が目立つ。踊る時の服装は自由。人種も肌の色も宗教もみんな自由で、みんなが一つの輪になって踊っている。混在と調和が織りなす白石踊りって、なんとインターナショナルな踊りなんだろう。のびのびと楽しそうに踊り続ける人たちを眺めながら、そんなことを思っていた。

松島《まつしま》（佐賀県）　中級

若者たちがたくさん戻り島に漂う活気

ほんの2、3時間しか滞在せず、劇的な出会いや体験がなくとも、なぜか心にしみて忘れられない島がある。人間同士なら、相性がいいと言えばいいか。佐賀県の呼子《よぶこ》沖に浮かぶ、小さなヒョウタン形をした松島がそうだった。

今から四半世紀ほど前に呼子を訪ねた時、一時は定期船もなくなっていた松島に、また船が通うようになったと聞いて、ぶらりと渡った。観光的な見どころは何もなく、港の真ん前にたたずまいのよい小さな教会が建ち、上の急斜面に集落があるばかり。

穏やかな気配にすっかりくつろぎ、海を一望できる高台でビールを飲みながら弁当を食べて昼寝し、港まで下ってくると海士たちが漁から戻ってきた。水揚げの様子を眺めていると、声をかけられた。

「持っていったらいいとよ。旅館で焼いてもらってもよか」

と言いながら、サザエを数個くれた。そして、ウエットスーツを片肌脱ぎにして水を浴びはじめた海士たちの胸で、銀色のクルスが光った。

なぜかその煌めきが、目蓋に焼き付いた。

幕末に隣の加唐島《かからしま》の人たちがまず松島の開拓に手を付けたが、その後長崎の黒島からクリスチャンが移り住んだ。そのため、現在は島人ほぼ全員がカトリック信者なのだ。

それから10年後、呼子でポカッと2時間ほど暇ができた。調べると、呼子を14時半に出航して、16時20分に戻ってくる松島行きの定期船があった。これは、ちょっと寄って行けと呼ばれているに違いないと、久々に松島へ。

集落の一番上まで登っていくと加唐島小学校松島分校の校舎入口で、子どもたちと先生が戯れている。児童が戻ってきた校舎が、輝いて見えた。人口と小学生の数を聞くと、先生に促され子どもが、はきはきした口調で明確に答えてくれた。

松島の集落と教会

「94人くらいです。小学校には、16人通っています」

児童数は、加唐島の本校より多いという。それまで気づかなかったが、集落のさらに上に古い集落があって、今も何人か暮らしているという。教会も元はそこにあったのだが、後に海辺に移したのだ。一度、秘められた村も訪ねたい。

そう思ってから14年の歳月が流れた2018年7月、松島をまた訪ねる機会が降って湧いたように巡ってきた。

定期船が1日3往復の松島で、2016年の春1日1組完全予約制のイタリア料理店「リストランテマツシマ」がオープンした。

オーナーシェフは、まだ30歳前の宗隼人さん。メニューはおまかせで、ランチのみの営業だ。

あの松島に本格的なイタリアンがと、1人色めき立ったものの行けずにいると、早々と取材を兼ねて予約を取っていた友人たちから誘われて、プラチナ・リザーブ飛びついた。ぼくは、取材というわけではなかったが、ここで記事を書いているので、結果的には取材に同行したついでに取材してしまったことになる。遊んでも、タダでは起きないのだ。

唐津市内に前泊して、呼子発の始発9時50分に乗り込む。15分ほどで松島に到着。勇人さんのクルマで、集落の高台にある自宅開放型のリストランテへ向かう。テラスからは、集落がある島の南半分と玄界灘、九州本土が一望された。

最初はこんな不便な島でと危ぶむ声もあったが、蓋を開けてみれば年間1000人を超えるお客が押し寄せているという。だから、プラチナ・リザーブ。7月時点で、11月までは予約でいっぱい。それ以降は予約できるが、できたら春になってからの方がいいと電話口で勧める勇人さんの声が、何回聞こえてきたことだろう。最近、福岡にビストロマッシマもオープンしたので、勇人さんは島と行ったり来たりの忙しい日々だ。

調理の様子をじっくり見学してから、味わった料理は以下の通り。

友人の映像取材に応えるべく頑張り過ぎ、「食材が通常より豪華」になったと勇人さんが呟いていたことを、付け加えておこう。

料理名は、素材を聞いて説明的につけてみた。

まず、今しがた獲ってきたサザエのガーリックバター焼きがきた。そして、彩りもよく洒落た前菜盛合わせは、タコ入り赤ジャガイモのポテトサラダ赤ウニのせ、生ハムとメロン、アワビとブロッコリーのペペロンチーノ、季節野菜のフリット、キビナゴのカルピオーネ、ナスのボロネーズソース揚げレンコン、野菜ときのこのキッシュ、コメとタコのアランチーニ。見た目も美しいが、それ以上に舌を唸らせてくれる。野菜の多くは、島人が自家菜園で作っている島産品だ。続いて、大きなムール貝のグラタン。

そこに、新鮮極まりないカルパッチョ。アワビ、赤ウニ、サザエ、ヤリイカ、アラ、アジ、イシガキダイなどを、お好みで柚子胡椒やオリーブオイル、醤油などでいただく。ヤリイカに至っては、活かしておいたものの捌きたてで、半ば生きていた。

香り立つ濃厚な味わいのイセエビのペデリーニ（細いパスタ）、目くるめくような豪勢

リストランテマツシマの食材の一部

前菜を盛りつけ終えた宗勇人さん

なアクアパッツァ、口の中で芳醇な旨みをにじませながらとろける赤ウニをのせた一口リゾット。スイカのシャーベットとバニラアイスクリーム。

人気になるのが当然と思われる、多彩で豊かな味わい。お父さんの勇さん、弟の秀明さんも一緒にテーブルを囲んだが、２人とも初めて食べる勇人さんの料理に感動していた。自分たちが島の周りで取った魚介類が、こんな美味に磨き上げられれば満足だろう。

食休みをしてから、秀明さんが船で松島を一周してくれた。ほとんど断崖に囲まれ、幕末まで住む人がいなかったのが納得できる峻険な地形だ。美しい海の上から緑濃い島を眺

勇人さんの弟秀明さんは海士だが養蜂にも挑戦中

めてから、山の上へ。昔教会があった周辺には、今も畑が作られており、一番奥には岩がちなオリーブ畑があった。島に作られたオリーブ畑で採れた実から搾油できた、というのがリストランテ開店のきっかけの一つだったが、まだ搾油は順調ではないという。

夕暮れ時になると、若者たちが続々と集まってきた。松島の人口は56人だが、そのうち9人が20歳代という、現代においては稀にみる若々しい島だ。リーダー格が勇人さんで、他にも島に帰ってきたがっている若者がたくさんいるという。逆算してみると、恐らく前回訪れた16人もいた時代の小学生たちが、一度外に出ていろいろな経験を積んで大人になり、戻ってきたのだろう。あの子たちかと思うと、妙に親しみを感じてしまう。

松島の基幹産業は、海士による潜水漁と五島方面への瀬渡し。周辺の資源を保護するため、島全体で1隻の漁船に乗り込み、毎日潜る場所を変えながら漁をしているという。

本業は海士の秀明さんは、対岸の経験者の助言を得ながら、養蜂にも取り組んでいた。翌日は、今年2回目の搾蜜をする日で、一緒に体験させてもらった。潜水漁と渡船に特化した松島では、自家菜園で野菜を作る程度なので、農薬は使っていない。そのため、全国的にも珍しい完全無農薬の百花蜜が採れる。

松島は観光的にいうと何もないし、宿もなかった。しかし、最近有志によって見晴らしのいい展望地までの遊歩道が整備され、船による海上遊覧の可能性も生まれている。民宿をはじめた漁師さんもいるが、主に週末だけ気が向くと予約を受けている程度で、なかなか泊まるのは難しいという。ただ、現在見晴らしのいい高台に露天風呂を作りつつあるので、完成のあかつきにはもう少しお客をとるようになるかもしれない。

また、勇人さんはゆくゆくは島でオーベルジュもはじめたいと考えているようなので、今後松島がどんなふうに生まれ変わっていくのか楽しみだ。

搾蜜体験やオリーブ摘み、釣り、魚介の調理体験などもできるようになると、松島の魅力はもっと膨らんでいくのではないか。そこに故郷を愛する若者たちが夢を抱えて戻ってくれば、素敵な憧れの島に育っていくに違いない。

焼尻島《やぎしりとう》（北海道）　中級

渡島は新設ゲストハウスに泊まるため

いつもは目的地を決めてから、宿を探す。しかし、時には宿に泊まるため島へ渡ることもある。２０１８年６月、14年ぶりに渡った焼尻島がそうだった。このところ、毎年６月に訪れている礼文島の帰りに、立ち寄ったのだ。

我が国最北端の礼文島と利尻島の少し南に、同じように天売島と焼尻島も対になって浮かんでいる。両島ともかつてはニシン漁で繁栄を極め、ニシンが来なくなった今も基幹産業は、ウニ、タコ、ナマコ、養殖ホタテなどの漁業だ。

40年以上前に初めて焼尻に渡った当時は、全盛期のユースホステルに泊まった。それか

ら四半世紀ほど経て久しぶりに訪ねた時は、海産物のうまい旅館だった。その後、玄関に当たる羽幌《はぼろ》港へのアクセスが不便で敬遠していた焼尻へ、泊まりに行ったキッカケは、島のイベント「アイランダー２０１７」で会ったおっくん（奥野真人さん）だった。

焼尻の地域おこし協力隊員だったおっくんが、長年の夢を実現させて２０１７年に地元でゲストハウス（以下、ＧＨ）をはじめたと知り、興味を持ったのだ。

焼尻に観光客が訪れる期間は、１年の三分の一ほどしかなく、なかなか厳しいビジネス環境だ。どのように宿を運営しているのだろうと、焼尻までのぞきに行った。

到着時刻を連絡しておけば迎えに来てくれたのかもしれないが、おおよその場所は見当がついているし、小さな集落だ。すっかりご無沙汰していた焼尻を、新鮮な感動を覚えながら歩いた。季節もよく天候にもそこそこ恵まれ、家々の庭や道端で無造作に絢爛と咲き乱れる花々が、礼文島の楚々とした高山植物の花々と対照的で、心惹かれた。

迷うこともなく、焼尻ゲストハウスやすんでけを探し当てたが、誰もいない。玄関のドアには、「所用につきスタッフ外出中。手荷物は玄関に置いてかまいません」とある。

鍵はかかっていないので、中へ入って一休み。リフォームした建物だが、洗面所もトイレも風呂も、水回りはピカピカで気持ちいい。荷物を置いて出かけようとしたところに、旧知のおっくんが採りたての山菜を何種類か抱えて戻ってきた。

挨拶を交わしカメラだけ持って、散策に出かける。国の天然記念物になっているオンコ（イチイ）の原生林では、奇妙な樹形のオンコが絶え間なく現れ、想像力を刺激してくれる。なだらかな遊歩道を歩けば、やがて広葉樹のミズナラや針葉樹のアカエゾマツも生える混交林も現れた。ダイナミックでも荒々しくもないが、生命感に溢れてみずみずしく、それでいて包容力に富んだ穏やかな自然が心を和ませてくれる。森の中で深呼吸をすると爽やかな空気が肺を洗い、体が喜んでいるのを実感できた。

やすんでけの主人奥野真人さん

生気がみなぎる初夏の海岸線や草原には、

クロユリ、ハマナス、エゾカンゾウ、エゾスカシユリ、スズランなどの花々が、可憐に咲き乱れていた。

一方、オンコ原生林の東には、日本海を背景に牧場が広がっていた。警戒を怠ることなく草を食んでいるのは、体は白く頭と脚の先が真っ黒なサフォーク種の肉用羊だ。牧草の陰で見え隠れしながら、延々と草を食べ続ける姿は見ていて飽きない。

美味で知られたサフォークを食べられる機会は、滅多にないし値段も高い。そこで、7月に開催される「サフォークまつ in 焼尻」には、貴重なサフォークにありつこうと、島民の10倍以上のグルメたちが押し寄せ、時ならぬ賑わいを見せる。

港前の島っ子食堂でサフォークを食べられると聞いていたので、散策の途中に立ち寄った。生ウニ丼のお品書きに一瞬たじろいだが、初志貫徹と焼尻以外で滅多食べられないサフォークのBBQを頼んだ。最初は屋外で食べるつもりだったが、肉が並んだ途端にカラスが近寄ってきて、明らかに肉を狙っている。ぼくが精一杯睨みつけても、ほとんど意に介さない。じわじわぴょんぴょんと、間合いを詰めてくる。抱卵期のカラスは攻撃的だと聞いているので、焼き肉をじっくり味わうため食堂内に避難した。

放牧中のサフォークの後ろに海が広がる

オンコの原生林

かつて札幌でうまさに感動したサフォークだが、焼尻産はそれを凌駕していた。肉の臭みは全くなく、旨みだけが凝縮されている。感動を素直に伝えたところ、食堂の女将がていねいに捌いていたサフォークの生肉を、無造作に一摑みサービスしてくれた。

「今日は、ちょうど生肉が入荷したので、運がよかったね〜」

島に屠場はないので、北海道本土で処理した肉を再度移入するしかない。だから、焼尻でも生肉はレアものなのだという。オマケしてもらったサフォークも、塩胡椒のみのシンプルな味付けの焼き肉となって、たちまち胃の腑に消えた。

宿の前で笑顔を見せる新婚のおっくん夫妻

サフォークの肉からいい
香りが漂う

昼食後、お気に入りのオンコ原生林をもう一度めぐってから、ゲストハウスへ戻った。歯科衛生士として焼尻に来て、おっくん以上に島に惚れ、一緒に暮らす（結婚する）ことになってしまったと笑顔で自己紹介してくれた、かなさん。島へ移住した動機が純粋でいいな。きっと、島暮らしも長く続くに違いない。

おっくんに、改めてドミトリー（相部屋）の客室を案内してもらうと、随所に気づかないこだわりがあった。ベッドは大阪の枚方家具団地にあるベッド専門店「マルトク家具」の製品であり、同じく大阪船場の老舗「日の本寝具」の寝具を使用しているという。

宿の基本は素泊まりだが、夕食については自炊形式でおっくんたちと一緒に作る。当日の客はぼくだけだったので、おっくん・かなさん夫妻と一緒に作った。持ち込みのカップ麺や弁当で済ませてもいいが、旅先で地元食材を駆使した調理は楽しい。島でとれたものが中心の食材代は、割り勘(1200~1500円程度)。

泊まった時のメインは、おっくんが朝に採ってきたギョウジャニンニクの茎とグリーンアスパラを、ギョウジャニンニクの葉と豚バラ肉で巻いたもの。他に、ヤリイカの刺身、ヤリイカと馬鈴薯の煮物、ミニホタテのフライ、キュウリとタコとワカメの酢の物、島海苔入りお吸い物と、なかなか充実していた。お酒が飲めないおっくんは、飲みたい人は持ち込みで自由にどうぞというスタンスだ。

協力隊になる前は食品関係の会社に勤めていたというおっくんは海藻にも詳しく、磯の香り高い島海苔の吸い物は、絶品だった。

今年からウニ漁に参加できることになったというので、漁期が来たらおすそ分けがあるのか聞くと、採ったウニは一度漁協に納め、それを買い取らなくてはならないので、手ごろな値段で食べるのは難しそう。

朝食は素泊まり料金内のサービスで、粘り気の強いガラメ（ガゴメではない）昆布の味噌汁、地元のモズクとミニトマトの酢の物、生卵が並んだ。追加の食材を持ち込んでもかまわないが、小食の身としてはこれで十分だった。

オックンが採った海藻何種類かを、お土産に購入することもできる。

その後、アイランダー2018に夫婦で来ていたおっくんにウニ漁の成果を聞くと、破顔一笑。ゲストハウスの宿泊代に比べ、かなりいい収入になったらしい。ウニで順調な新婚生活をスタートさせることができたなら、言うことはない。

人口200人足らずになってしまった焼尻で、若い2人がどんな生活を築き、旅人たちに島の魅力を伝えていくのか、これからが楽しみだ。

コラム❾

東西南北端・最果ての島の湯

我が国の東西南北端は、すべて離島（北方領土を含めれば）だが、島の温泉の東西南北端（北方領土は含まない）はどこになるのだろうか。

最近は温泉掘削技術が進み、資金さえあればどこからでも温泉を絞り出すことができるようになった。これまで温泉がなかった島でも、次々に新しい温泉が登場している。そこでまず、自然湧出や古くから歴史のある温泉に限って、東西南北端を見てみよう。

最北端は「奥尻島神居脇温泉」、最東端は「八丈島洞輪沢温泉」、最西端は「福江島荒川温泉」、最南端は「小宝島湯泊温泉」になるが、微妙な事情もあるので、説明を付け加えておきたい。

最北端は奥尻島の神居脇温泉だが、もう少し正確に言うと、奥尻島の幌内温泉だった。

しかし、北海道南西沖地震で幌内集落は壊滅し、温泉入浴施設は消滅した。それでも、源泉は今も健在で、施設さえ再建されればまた入浴できる状態だ。

最東端は八丈島の洞輪沢温泉だが、一般人は行くことができない小笠原の硫黄島では、何ヶ所かで温泉が湧いている。経度的には、こちらの方が1度30分東になる。

最西端は、福江島の荒川温泉だが、これまた今は一般人が行くのは不可能で、かつて硫黄の採掘がおこなわれていた、沖縄県最北の硫黄鳥島（荒川温泉より26分西に位置する）にも温泉が湧いている。

最南端は、小宝島の湯泊温泉だが、同じく前記の硫黄鳥島の温泉を含めれば、小宝島の温泉より1度21分南になる。


現在は、どうなっているのか。

最北端は礼文島の「礼文島温泉」、最東端は八丈島の「末吉温泉」、最西端と最南端は「西表島温泉カンパネルラの湯」となっている。これからも、新たな温泉の開発によって顔触れが変わるかもしれないが、ほぼ出尽くした感がある。残る可能性としては、礼文島北部や波照間島、与那国島で温泉を探すかどうか。少なくとも沖縄には温泉入浴文化はなかったから、さすがに波照間や与那国ではそこまで手を出さないのではないか。

奥尻島から最北端の座を奪ったのは、１９９６年に湧き出た利尻島の利尻富士温泉だったが、その後２００８年に礼文島で３分北に位置する温泉が掘削され、最北端の称号は失われた。ちなみに、日本最北端の温泉は礼文島温泉より８分北にある「稚内温泉」だ。

最東端は、同じ八丈島の同じ末吉（洞輪沢温泉も末吉の一角にある）に湧いた、「末吉温泉みはらしの湯」。洞輪沢温泉より、１分だけ東に当たる。今でこそ温泉天国のイメージがある八丈島だが、かつては洞輪沢の温泉くらいしかなかった。

温泉が急増したのは、東京電力が地熱発電の熱源を探して島内各地を掘削したところ、温泉がわき出したのでそれを有効利用するようになったから。

近くに海底火山もあり、時々強い地震も観測される西表島で、１９９２年温泉の掘削に成功。西表島温泉パイヌマヤリゾートが開業し、ジャングルの中の露天風呂で日本最南端・最西端の温泉を楽しめると評判になった。温泉の最西南端が、一挙に八重山へ移ったのだ。しかし、徐々に源泉の湧出量が減少し、２０１２年惜しまれながら温泉施設は閉鎖となってしまった。ただし、鬱蒼としたジャングルに囲まれた宿泊施設は、西表ジャングルホテルパイヌマヤとして営業を続けている。

西表島温泉亡き後、宮古島の「シギラ黄金温泉」が、最西端・最南端の温泉になった。同じ島内にある宮古島温泉は、緯度で3分、経度ではわずか25秒ほど負けている。

ところが、2017年11月になって、西表島南東部の南風見にあるラ・ティーダ西表リゾートに隣接して、〈南十字星を眺めながら露天風呂を楽しめる〉と謳う「西表島温泉カンパネルラの湯」がオープン。日本最南端・最西端の温泉となった。

寒風沢島《さぶさわじま》（宮城県）　初級

不思議なご縁で結ばれた宿を訪ねて

今回の旅は、ＬＣＣが就航していない成田―仙台間を、ＡＮＡの早期購入割引を使って往復し、島旅を楽しんでみようというものだった。日本のＬＣＣもだいぶ路線網が広がって、首都圏を起点に考えると、四国九州は格段に安く行けるようになった。関西や中国、北海道も、そこそこなんとかなる。そんな中で、ＬＣＣの空白地帯が東北と中部だ。

東北で島旅といえば、山形の飛島以外すべて宮城県の島。ということは、仙台に安く行ける方法を見つければ、島にも行きやすくなる。そう考えて探したら、旅行の２ヶ月前に成田―仙台往復を、１３６８０円で購入することができた。ＬＣＣだと表向きの運賃に、

座席指定料、発券手数料、諸税などが、さらに1500円くらい加算されるが、ANAはすべて込みだ。JRだと最寄り駅の津田沼から仙台まで、片道11320円。成田空港や仙台空港からのアクセスなど考えても、格段に安い。

向かったのは風光明媚な松島湾内に悠然と浮かぶ、寒風沢島。

初めて訪れたのは、上の娘が小学校入学直前の春だった。国鉄の南東北ミニ周遊券をぼくが1枚（未就学児は無料）握りしめ、2人で予約もなしにぶらりと旅に出た。新潟と山形の雪深い小国《おぐに》を巡り、3泊目は心そそられる不思議な地名の寒風沢島へ渡った。

着いたのは午後3時過ぎ。得体の知れない2人連れは2軒の民宿で断られ、3軒目の外《と》川屋《がわや》で「なにもないが、あるものでよければ」と、泊めてもらえることになった。

宿には同じ年頃の女の子が2人いて仲良くなり、娘の顔から不安げな表情が消えた。

何もないはずが、刺身や煮魚、焼き魚、カニなどがこれでもかと並び、とどめは鍋いっぱいの蒸しガキ。宿の主人によれば、魚介類だけではなく、野菜も米も味噌も、味噌の大豆も自家製で、島で採れないのは石油くらいだという。昔は、塩も作っていたとか。

主人も呑兵衛で、旨し肴を摘まみつつ、これだけ資源豊かな寒風沢島は日本から独立で

民宿外川屋の夕食

きるぞ、そうだそうだと、二人で大いに盛り上がった。
それから4年後の夏休みに、今度は家族4人で訪れ、下の娘は寒風沢島で4歳の誕生日を迎えた。家族はみんな早生まれで、一人だけ8月生まれの下の娘は、可哀そうに誕生日はいつも旅先。翌年5歳の誕生日は、トカラ列島南端の宝島で迎えた。
それはさておき、寒風沢島では外川屋の女将が、サプライズでバースデイケーキを差し入れてくれ、家族一同大感激。美しい白砂の浜と見事な松並木が続く海水浴場で思い切り遊び、トゲがうごめく旨い生ウニを恐る恐る口にして、田んぼの上をふうわりと優雅に舞

松林寺の化粧地蔵。顔に白粉を塗って祈願すると美しい子が授かるとか

造艦の碑は震災で倒れたが現在は元通りに立っている

う幻想的な蛍の光などが、娘たちのひと夏の思い出となった。

陸上交通が充実した今でこそ見る影もないが、かつて寒風沢港は伊達藩の江戸廻米の中心地として大いに栄えた。はるかな太平洋が一望できる日和山展望台に残る、遊女たちが馴染み客をとどめようと願をかけ荒縄で縛ったしばり地蔵や、方位が分かる十二支方角石が、海運で隆盛を極めた往時をしのばせる。伊達藩が、幕末に日本初の鋼鉄製西洋型軍艦「開成丸」を建造したのも寒風沢島。港の前には立派な造艦の碑がたたずんでいる。

その他にも、「かわいい子が授かるように」

と願をかけた人々がいつも白粉や口紅できれいにしている化粧地蔵、アイヌが描かれた珍しい絵馬が奉納されている神明社、いつも供えられた風車がかすかに回っている六地蔵など、歴史的な見どころが多い。

3・11の大津波は、当然のように寒風沢島も呑み込んだ。松島湾に浮かぶ4つの有人島からなる浦戸諸島も大きな被害を受けたとすぐに知ったが、何人か亡くなったことをのぞけば具体的な損害は分からなかった。

しばらくして被災後のグーグルアースが公開され、どうやら外川屋の屋根は残っていると分かった。少なくとも津波に流されていないということは判明したが、浸水などについては航空写真では判断しようもない。

インフラが少しずつ復旧して、ある程度身動きしやすくなった被災2ヶ月後の連休明け、安否確認のため島を訪ねた。外川屋は1階の浸水こそ免れなかったが、なんとか建物は自立していた。ご主人夫妻も、呆然自失からやっと立ち直ったところだった。集落の半分は津波に呑み込まれたが、奇跡的に外川屋の目の前で止まったという。

塩竈市唯一の水田は寒風沢島にある

残念だったのは、浦戸諸島の島で唯一の3名の死者を出してしまったこと。

これまでの教訓を踏まえて、震災発生後体の不自由なお年寄りも含め、島民全員が速やかに避難を完了した。ところが、なかなかやってこない津波に油断して、なおかつクルマを過信して忘れ物を取りに戻った人、それを追った配偶者など、せっかく避難して無事を確認された3名が、帰らぬ人となってしまった。

そんな痛ましい話を聞きながらも、親しい人たちの無事を確認できて嬉しかった。

同じ年の7月、8月、10月と、繰り返し島を訪れ、必ずしも住民の希望が反映されない復興の現況を知った。公聴会が開かれても、形だけ。復興計画はすでに決まっていて、それに変更を加える余地はない。

復興と呼ばれる作業を推進している役場の人たちも、必死なのだろう。あまりにも、判断すべきこと、やるべきことが多すぎる。そうは思いつつも、そこに暮らす人のささやかな幸せはどうすれば守ることができるかも、考えずにはいられない。そんな勝手を悶々と思いながら、多少でもましな明日を想う。

今回は4年ぶりの寒風沢島だった。防波堤が立派になって景観的にはずいぶん復興したようにも見えたし、大都市近郊を彷彿とさせる復興住宅も立ち並んでいたが、どこか空疎な感じを受けた。人口の流出に歯止めはかかっていないという。

佐柳島《さなぎしま》（香川県）　中級

復活して宿になった廃校に泊まる

近年、「飛び猫」の写真が注目され、猫島としてすっかり全国区になった佐柳島は、学校も宿もなくなって久しい。８年前、雑誌の取材で訪れた時、本来は引率者付きの児童生徒しか利用できないという佐柳体験センターに泊めてもらえないか交渉した。すると、ずいぶん前から使われていないということだった。懐かしさいっぱいの昔の木造校舎を利用した施設だっただけに、残念でもったいないと嘆いたものだった。

２０１７年になり、元佐柳小学校の木造校舎を利用したゲストハウス（ネコノシマホステル）ができるという情報が入った。廃校の校舎は生き返り、８月には宿も復活する。こ

喫茶ネコノシマの入口上には佐柳小学校の校章が

佐柳島長崎の埋め墓

んなに嬉しいことはない。泊まれずじまいだった校舎へ、ぜひ泊まりに行こう。

2018年4月、周辺の島々を巡るついでに、6回目の渡島にして初めて佐柳島のネコノシマホステルに泊まることにした。正確には、やっと泊まれることになった。佐柳島には、北に長崎、南に本浦という2つの集落があり、定期船は両港に寄港する。そして、よくあるパターンで、学校は両集落のちょうど真ん中あたりにあった。

長崎港に上陸すると、待合所の前には「ネコを見にきたみなさまへ」という、ソフトタッチな要望を連ねたポスターもあった。

「ゴミは持って帰ってほしい」「家の敷地内には入らないでほしい」「猫が食べられる量の餌をあげてほしい」などなど。

後で、地域おこし協力隊の村上直子さんが作ったポスターだと知った。あれもこれも禁止！　というような命令口調より、見る人にはすんなり素直に受け入れられそう。

猫たちは本浦に圧倒的に多く、長崎はほんの少しというイメージだった。しかし、長崎にもそれなりにいて、親し気に寄ってくる猫もいれば、首輪をした飼い猫もいる。

何回見学しても感慨深い両墓制（埋葬用と墓参用の墓を作る）の埋め墓と詣り墓の周辺をひそやかに散策してから、長崎の小路を抜けてネコノシマホステルへ向かう。

左手に瀬戸内海を眺めながら歩くこと15分ほどで、昔の校庭らしき空き地があった。味気ないコンクリートの建物を過ぎると、懐かしい木造校舎が時の流れから取り残されて建っていた。レンタサイクルが数台、校舎の前に並んでいる。黒板にチョークで「ネコノシマホステル＋喫茶ネコノシマ」ときれいに手描きされた看板があった。

玄関に入ると、木造の暖かな空間が広がった。奥の棚には、天秤、試験管、鉛筆、方針磁石、裁縫セット、音叉、タンバリン、黒板消し、木琴などが飾られ、幼いころの学校へ

泊まった部屋は元資料室

喫茶ネコノシマは元職員室

突如戻ったようで、過去と現在の時間が頭の中で渦を巻く。

赤電話の脇に「レンタネコサイクル」という札があった。宿のレンタサイクルは無料だが、ネコたちのエサ代をカンパしてほしいというもの。赤電話は、募金箱だったのだ。雰囲気に誘われて、チャリンと電話機に募金を投入してしまう。

玄関奥の広い空間が喫茶ネコノシマで、元職員室だったとか。昭和の香りが漂う木の空間には、年代物のソファーや万力を備えた工作台が、ゆったりと配置されている。メニューは出席簿をアレンジしたもので、どれもこれもこだわりが半端ではない。

海側に突き出た元保健室には、人体模型や体重計、視力検査表、様々な医療器具の詰まった棚もある。窓辺のカウンターに座ると、海と広島など周辺の島々が一望された。喫茶では、3人組のオジさんがビールを傾けていた。まずは、チェックインしなくては。

室料を支払うと、リフォームされ客室になった元資料室に案内された。宿を経営する村上淳一・直子さん夫妻は共に地域おこし協力隊で、本業と並行しながら宿と喫茶店をしていた。鍵の開け方と掛け方を教えられ室内に入ると、窓の向こうから青い海が飛び込んできた。床も天井も壁の腰板も、どれも使い込まれた風情の白木。壁の上の方は簡素な白壁だった。直子さんが、言った。

「繰り返し水拭きしては、ワックスをかけました」

佐柳島小中学校は1992年に休校になり、昨年リフォームされるまで使われずに放置されていた。1954年に建てられた佐柳小学校の木造校舎は、昔の面影が特によく残されている。宿に生まれ変わるまで、二十数年間時の流れが止まった空間だったのだ。

室内にあるのはベッドと携帯ランタンがのった子ども用の椅子、小さなゴミ箱、室内履きのサンダル。照明は、裸電球だ。そして、窓辺のベンチと土偶や埴輪、鉱物標本や地球儀、分厚い地図帳などが並んだ資料棚。見ているだけで異界に引き込まれてしまう。

隣の理科室を見せてもらうと、こちらの棚には試験管、メスシリンダー、試薬瓶、フラスコ、乳鉢、顕微鏡などが収まっている。遠い昔の記憶が蘇ってきそう。

男女混合ドミトリー（相部屋）の元図書室は、白木の2段ベッドが設置され1室8名定員。それぞれのベッドには電源やカーテンも備えられていた。

佐柳島は有名な猫島で、宿にも猫が何匹も出没していた。なれなれしくもなければ妙に警戒心が強くもなく、ほどよい距離感の猫が多い。島猫と猫客と飼い主がうまく共存できているのだろう。宿周辺で猫と戯れてから、シャワーを浴びた。

指定された午後7時に喫茶ネコノシマへ行き工作台の前に座ると、予約していた夜ランチがやってきた。1人前1000円ということで、それほど期待はしていなかったが、メバルの煮つけ、チンゲン菜の炒め物、アスパラガスとナスの素揚げ、カボチャとしめじの煮物、昆布の佃煮、油揚げとねぎの味噌汁、島のキンカンと充実した内容だった。

ご主人のお祖父さんが島の出身で、久しぶりに訪れた島の木造校舎を有効利用する企画を提案したところ、多度津町で初の協力隊員として採用されたという。

喫茶ネコノシマのお客は猫客が多いが、平日は島の人たちもたくさん来てくれる。

「カフェには、島の人に来てもらいたかった。ただ、両集落の中間に位置しているので、足の悪いお年寄りが来ずらいのは残念ですが」

宿も、観光客ばかりでなく、島出身者やその家族にも利用されている。

「泊まるところができたから、島へ帰ってみよう」

島に宿ができ、それも母校の建物と知って、数十年ぶりに島へ戻ってきた人もいる。子どもたちがよく登った思い出の「サルスベリはまだあるのか」などという、問い合わせも多い。そのサルスベリにするすると登って行くネコたちがいた。

部屋に戻って明かりを消し、窓辺のベンチに座り海の夜景を楽しむことにした。水平線に点々と明かりがともるのは、左手から福山、水島、坂出のコンビナート。黒く立ちはだかるのは島影で、目を凝らすとライトアップされた瀬戸大橋も見えた。

9時半頃にはライトアップも消え、夜空を見上げると無数の星が瞬いている。穏やかな闇の中で瞬くコンビナートの明かりや星影を眺め、微かに伝わってくる潮騒を肴に寝酒を傾けていると、穏やかな波の中を漂っているような気分になってきた。

翌朝目が覚めると、日は高く昇っているようす。斜めの光にギラつく海が眩しい。朝食まで少し時間があったので、宿の周辺をうろついて撮影をした。

宿へ戻って裏庭の猫を眺めていると、黒いオス猫がサルスベリをするすると駆け上がり枝先まで行き、少し間をおいて屋根に飛び移った。ここにも、飛び猫がいた。

喫茶ネコノシマの一角（元保健室）で海を見ながら朝食

追いかけるようにメスの三毛猫も、駆け上る。今度は飛ぶ瞬間を撮ろうとカメラを構えていたが、なかなか飛ばないので一瞬気を許した隙をついて飛び移ってしまった。

8時半に喫茶ネコノシマへ行き、お気に入りの保健室で海を眺めていると、目玉焼きと2種類のパン、サラダ、オレンジジュースのモーニングがやってきた。今日も穏やかに凪いだ瀬戸内海を眺めながら、のんびりと朝食をとる。至福の一時だった。

下地島・伊良部島（沖縄県）中級

いつのまにか多くの観光客で賑わう島に

ジャンボ機でも離発着できる規模なのに、定期便が飛んでいない下地島空港に一度降りてみたいと思い、何年が経つだろう。半ば幻と化していた空港へ、この3月末成田からLCCの定期便が飛ぶようになった。

早速、往復1万円ほどのバーゲンチケットを手に入れて、4年前宮古本島と長大な橋で結ばれたばかりの伊良部島・下地島（両島間には以前から数本の橋が架かっている）へ向かった。到着したみやこ下地島空港は、日本初のリゾート空港で、トロピカルな植栽やゆったりした待合所など、施設全体がリゾートの雰囲気を漂わせている。

日本唯一のハンモックの宿。カサ・デ・アマカ

ハンモックでくつろぐ筆者

以前から気になっていた伊良部島の宿、カサ・デ・アマカの主人に出迎えてもらい、宿でチェックイン。アマカはスペイン語でハンモックで、日本で唯一のハンモックの宿。使い方を教えられ、ハンモックに横たわると、しっかりした布に全身が包まれて、寝心地がすこぶるいい。ここでハンモックにはまり、自宅でも購入、という人が多いらしい。

宿のレンタサイクルで、まず昼食場所を探す。月曜日だったせいか、やっていたのはお好み焼き屋だけ。そこの主人によると、伊良部島南岸は土地のバブルで、500倍に高騰したところもあるとか。いくらなんでも、あんなところで坪100万円はないだろう。そ

伊良部島の渡口の浜

の時は、尾鰭がついた与太話かと思ったが、後でどうやら本当らしいことが判明した。

これまで4回来たことがある伊良部島・下地島は、12年ぶりだった。夏でなかったこともあるが、以前は観光客の姿などまず目にしなかった。

ところが、伊良部島南部の白砂がまぶしい渡口《とぐち》の浜で、4月の平日だというのに、若者と戯れている数人のビキニ姿を目撃したのだ。それ以外にレンタカーに乗った観光客も、次々とやってきて記念撮影をしている。まるで、有名な観光地じゃないか。

いかにもリゾート地のビーチらしい渡口の浜から、本当に架かってしまった伊良部大橋

伊良部島側から伊良部大橋を望む

方面へ自転車を走らせる。途中の海岸線には、新しいカフェ兼小宿や、やや大型の高級リゾート、建設中の建物、農地を更地にしたと思われる場所、造成中の土地などが、次々と現れる。どこも熱気がムンムンで、沸き返っている。

無料で通行できる橋としては日本最長（3540m）の伊良部大橋の威容を見るのも、今回の大きな目的だった。あいにく雲が垂れ込めていたが、最高点が高さ27mあり直線ではない橋は、伊良部島側から望むと、まるで巨大な蛟《みずち》のよう。

橋のたもとは小さな公園になっていて、美しい海岸に降りることもできるし、橋の下を

伊良部南岸のリゾートの彼方に伊良部大橋が

くぐる小径もつけられていた。また、大橋が伊良部島に突き当たる高台は造成中で、多分宅地となるのだろう。
美しいサンゴ礁の海面近くで幻想的な蛟が巨軀をうねらせているさまは魅力的だし、サンゴ礁越しの対岸に宮古島や来間島が寝そべる風景もすばらしいが、土地の高騰ぶりは異常としか言えない。いくら美景でも、多くの人は飽きるのではないか。
瀬戸大橋やしまなみ海道の大橋を一望できると人気が高まった場所も、ほどなくして鎮静化してしまった。中には、絶景を目前にしたまま廃墟と化した高級リゾートもある。伊良部島南岸も、そんな轍を踏むことになりはしないか。

伊良部島の後に訪れた宮古のリゾートで、関係者から現実的な話を聞く機会があった。

「伊良部大橋のたもとから渡口の浜へかけての伊良部島南岸は、完全に売り手市場となっている。10年くらい前まで、坪2000円でも買い手がつかなかったのに、今は100万円出しても手に入らない。地価が500倍に高騰しているということだよ。最近では、坪150万円という話も出ているほど」

伊良部大橋の突き当たりで造成中の土地は、超一等地なので坪300万円くらいになるという憶測まで飛び交っているらしい。一方、みやこ下地島空港周辺は、土地の値段はほとんど変わっていない。オーシャンビューの南岸だけ、泡まみれになっているのだ。

「ただ、高い値段で土地を手に入れても、建物はいつできるか分からない。職人も重機も不足していて、いつ着工できるかさえ見通しが立たない状況だよ。このバブルは、5年から10年は続くのではないかと思う」

仕方なく宮古島へ転勤してきたリゾート関係者も、嫌々ながらついてきた奥さんも、東

オシャレなホテル&カフェの横に広がる建築予定地

京に住む両親までも、すっかり宮古が気に入ってしまった。宮古島には、県立病院と徳洲会と、二つの中核病院があるので、医療面でもとても充実している。また、自治体の老人対策もいいらしい。そこで、何年か前に伊良部南岸で土地を探したら、最低1億は用意してもらわないとと、不動産屋に言われたとか。
「高金利で借金して早く宿を作って資金を回収したい、借金を返したいと思っている人たちは、何年も待っているうちに金利に耐え切れず手放すだろう。5年後には、そんな土地が競売物件となって出てくるに違いないので、今はそれを待っているところなんだ」
詳細は知りようもないけれど、そんな土地

も少なからずあるのだろう。

伊良部南岸の具体的な場所を挙げて、教えてくれた。

「あそこの家は、すでに建っていたものをバブルになってから買い取っているので、かなり高額だったはずだ。あの辺の自分の土地に家を建てて住んでいる地元民は、自宅を売ってくれと迫られて断るのに四苦八苦しているそうだよ」

何とも凄まじい話だ。争奪戦真っ最中の南に面した高台は、台風常襲地帯にあってかつては建物を作ってはいけない場所だった。それが、建築技術と建材の進歩によって、住むことが可能になったのだ。

5年後くらいに、また伊良部島の各地を観察しながら、ゆっくりと巡ってみたい。

一体、誰が、どんなババを引いているのだろう。

しまなみ海道空中散歩 番外編

表情豊かな島々を鳥瞰する贅沢

実際に島へ渡って歩き回るのが一番好きだが、飛行機から見る島の姿も大好き。地図を眺めているうちに旅に憧れ、島に興味を持つようになった者としては、生の地図を目の当たりにできる飛行機は、神の目を与えてくれる乗り物だ。

しかし、一般的な定期航路の航空機はかなり高いところを飛ぶので、間近に迫って見えるのは空港に近い島々だけ。例えば、松山空港に近接する忽那《くつな》諸島の島々や興居島など。

一度、瀬戸内海の島々を低空飛行で眺めてみたい。そんな想像の世界が、現実のものと

なる日がやってきた。それも、多島海の核心部を飛ぶというではないか。2016年夏、せとうちシープレーンズが水陸両用機でしまなみ海道の遊覧飛行をはじめたのだ。

2018年4月5日、ついに搭乗する機会がやってきた。羽田から広島空港へ飛び、尾道市東端に位置するベラビスタマリーナへ向かった。

搭乗に当たって、しまなみ海道南部に低い雲がかかっている可能性があるので、その場合は別の方面に行くかもしれない、揺れても安全性に問題はないなど、パイロットからいくつかの説明があり、ついに水陸両用機上の人となった。

いざ飛び立つとすぐ足元に広がる島々の風景は刻々と変化し続け、息をつく暇もない。眼下の島々についてパイロットが、ビューポイントで説明してくれるが、変わりゆく光景に心を奪われっぱなしで、ほとんど記憶に残っていなかった。

すっきり晴れていなかったこと、サクラが思いの外早く散ってあまり残っていなかったことなどを、パイロットが最後に申し訳なさそうにしていたが、天候気候は仕方ない。目眩《めくるめ》く空中散歩は期待通りで、十分に満足できるものだった。

定期遊覧の基本ルートは、尾道水道→因島→生口島（サンセットビーチ）→多々羅大橋

↓能島↓岩城島と生口島の間↓因島地蔵鼻↓尾道水道。浮桟橋発着で、50分。

左右1列ずつなので、全席が窓際。旋回するなどして、どちら側に座っても見どころは同じく楽しめるよう配慮してくれるので心配ない。

今回は一味違った島旅の写真を、たっぷりと眺めて島々へ思いを馳せてほしい。

着水し浮桟橋に近づいてくる水陸両用機

因島重井西港上空

生口島垂水のサンセットビーチ

多々羅大橋。
手前が大三島で奥は生口島

急流の中に浮かぶ桜の能島

手前から因島、生名島、岩城島、生口島

因島地蔵鼻。奥には生名島、岩城島などが

因島大橋

岩子島（左）と向島（右）と尾道水道

おわりに

島は、分け入っても分け入っても新たな顔を見せてくれ、興味が尽きない。日本全体が島から成り立っているが、特に小さな島に心ときめくことが多い。ていねいに歩けば、いくらでも新鮮な発見をさせてくれるからだ。

島に興味を持って本書を手にしたならば、どこから読んでもらってもかまわない。一応章立てはしているけれど、前から順に読み進めないと理解できないことなど、一つもない。心惹かれたタイトルがあったら、そこからひも解いてほしい。シニア向けと謳っているが、島好きなら誰が読んでも得るものがあるはずだ。

編集部からシニア向けの「島旅入門」を1冊にまとめられないかと相談された時、面白いなと思いながらも、少し迷った。入門といえるほどの内容が書けるのか。島旅と普通の旅の違いは何か。シニア向けとは、どんなことを意識すればよいのか。

しばらく考えた挙句、今年高齢者の仲間入りをした自分が、快適に島旅をするために心がけていることを、反映させればシニア向けになるだろうと思い至った。入門に関しては、自分の失敗から学んだことに、具体的な情報をプラスすることで、多くの人を島旅へいざなえるのではないかと考えた。

原稿を渡し、校正紙が出てくる直前の6月上旬、今年もまた礼文島を訪れた。スコトンにある常宿の星観荘に泊まり、再会を喜びもすれば、新たな出会いもあった。70歳代半ばから礼文島に通っている四国のMさんは、今年も元気で島中を駆け巡り、生きとその日の見聞を語ってくれた。その姿には、大いに力づけられる。心身の健康を維持できれば、自分も十数年後にまだ礼文島とお付き合いできているかもしれない。

Mさんは、この夏以降予定している山行も教えてくれた。はっきりした目的があり、好奇心を失わず、前向きな発想をすれば、自ずと健康もついてきてくれるに違いない。現実はそう甘くないよな……、などと考えてはいけない。どうせダメな時は、駄目なんだ。

それなら、前進あるのみ。

ドミトリー（相部屋）形式の宿だが、シニアの一人旅も多く、花や自然や島旅などが話題になれば、若者たちとも年齢の差など一切感じない会話で盛り上がる。

マイペースで歩き回りたいので、いつもは単独行が多いのだが、今回は途中電波が通じない場所が多く、足元の悪い場所も多い8時間コースを、他の人たちと一緒に歩いた。自分が見落としていた花を教えてもらったり、初心者にはこちらが教えてあげて、少し得意な気分になったり、なかなか楽しいものだった。そして、万が一のことがあっても同行者があるという安心感は、何物にも代えがたかった。

これが模範的なシニアの島旅か、などと心の内で苦笑いしつつも悪くない。

礼文島の後、利尻島で西島徹さん夫妻がやっている、鴛泊港前の利尻うみねこゲストハウス（素泊まり）で1泊。

ゲストは7、8人いたが、みんなは外食だろうと思いながら、生のホタテ貝やぬかニシン、タマネギなどを買って宿に戻ると、テーブルの上に採りたてのギョウジャニンニクやヒメタケノコ、天然ウドが並び、まな板の上でエゾメバルをさばいているシニア世代の男性がいた。

そこへ、クルマで2ヶ月ほど北海道を巡る途中で、稚内にクルマを置いてきたという、シニア夫婦も参入。目の前の岸壁で入れ食いだったというエゾメバルを、揚げはじめた。島まで、わざわざ唐揚げ粉を持参していたのだ。湯がいた香り高いウドを前に、酢味噌は稚内に置いてきたと残念そう。

そこに若いゲストが、釣りたての大きなマガレイやギスカジカを持ってきた。

「この大きさだったら、5枚におろして刺身にしよう」

そういって、包丁を握っていたシニアが、暴れるマガレイをつかんだ。独りでしんみり自炊と思っていたら、島が香り立つ豪華な宴になってしまった。

いつもこんな流れになるわけではないが、まず行動すればこそ。

予想外の楽しみが、島であなたを待っています。

では、素敵な島旅を楽しまれんことを!

2019年7月　斎藤 潤

斎藤潤（さいとう・じゅん）

1954年岩手県生まれ。東京大学文学部露文科卒。月刊誌『旅』などの編集に携わった後、フリーランスライターに。島、食、自然、農林水産業などをテーマに全国を巡り、膨大な取材量と独自の感性を生かした執筆活動に定評がある。島に関しては、南鳥島以外の日本の有人離島を全て踏破している。著書は『日本《島旅》紀行』『沖縄・奄美《島旅》紀行』『旬の魚を食べ歩く』（以上、光文社新書）、『絶対に行きたい！　日本の島』（ビジュアルだいわ文庫）、『瀬戸内海島旅入門』『日本の島　産業・戦争遺産』（マイナビ出版）、『島―瀬戸内海をあるく第1集～3集』（みずのわ出版）他、多数。

わたしの旅ブックス

014

シニアのための島旅入門

2019年7月26日　第1刷発行

著者――斎藤 潤

ブックデザイン――マツダオフィス

DTP――角 知洋_sakana studio

地図作成――山本祥子（産業編集センター）

編集――佐々木勇志（産業編集センター）

発行所――株式会社産業編集センター

〒112-0011

東京都文京区千石4-39-17

TEL 03-5395-6133　FAX 03-5395-5320

http://www.shc.co.jp/book

印刷・製本――株式会社シナノパブリッシングプレス

ISBN978-4-86311-234-6